セブン&アイ
解体へのカウントダウン

田島靖久
東洋経済記者

東洋経済新報社

はじめに

「ちょっと聞いてもらえないか」

始まりは、2022年の春先にかかってきた1本の電話だった。

「こんなディール聞いたこともないよ。とにかくひどすぎる。史上最悪のディールだ。セブン&アイHD（セブン&アイ）がおかしくなっている」

電話の主は、セブン&アイによる傘下の百貨店「そごう・西武」売却の入札に参加した、投資ファンドの幹部だった。セブン&アイの運営がM&Aの常識ではありえないほどひどいと憤り、不満をぶちまけてきたのだ。

私が百貨店業界を初めて担当したのは、『週刊ダイヤモンド』編集部にいた2001年のことだ。

前年には旧そごうが経営破綻、2年後には旧西武百貨店も私的整理するなど、バブル崩壊後に百貨店が総崩れしていく姿を目の当たりにしてきた。その後、商社や金融など別の業界担当となったものの、百貨店や総合スーパー、コンビニエンスストアなど流通業全般については折を見て取材してきた。都合20年余りにわたって流通業の歴史を見続けてきたことになる。

中でもそごう・西武はもちろん、その親会社で日本最大の流通グループであるセブン＆アイについては強い関心を持ち続けてきた。バブル崩壊後、流通企業が軒並み経営危機に陥るのを尻目に成長を続け、勢力を拡大していたからだ。その秘密を探るべく、これまで何本もの特集を作成してきた。

２０２０年からは『週刊東洋経済』編集部に入り、２０２３年5月20日号で「最高益に忍び寄る影　漂流するセブン＆アイ」という特集を組んだ。そごう・西武売却が難航、その最中にアクティビスト（物言う株主）から株主提案を受け、セブン＆アイが大きく揺さぶられていたからだ。

特集ではそごう・西武の売却を軸に、セブン＆アイが置かれている現状について詳しく取り上げた。だがそれ以降、想像を超える事態が次々と起き、セブン＆アイは窮地に追い込まれていく。そごう・西武売却による混乱はあくまで「序章」に過ぎず、株主提案によってパンドラの箱が開き、ついにはカナダのコンビニ大手からセブン＆アイ自身が買収提案を受けるという事態にまで発展してしまった。

本書は、先の特集に加えて「東洋経済オンライン」で執筆したさまざまな記事をベースに、多くの関係者への追加取材を行ってまとめたものだ。取材で明らかになったのは、さまざまな困難に打ち勝ち、生き残ってきたはずのガリバーが崩壊していく姿であった。かつて、流通業界の「勝ち組」「優等生」などと呼ばれたセブン&アイに一体何が起きているのか。その舞台裏に可能なかぎり迫ったつもりだ。

なお登場する方々の肩書や事実関係は原則取材時点のものとし、敬称は略させていただいた。

田島　靖久

2024年11月

目次

第3章 売却延期の〝犯人〟

セブン＆アイをめぐる主な出来事

年	月	
1830年		そごう創業
1940年		西武百貨店創業
		バブル経済崩壊
2000年	7月	そごうが経営破綻。民事再生法の適用を申請
2001年	2月	西武百貨店と十合（そごうの持ち株会社）が包括的業務提携
2002年	4月	そごうを存続会社にそごうグループ10法人が合併
2003年	2月	西武百貨店が私的整理
	6月	ミレニアムリテイリンググループ発足
2005年	9月	セブン＆アイＨＤ設立。鈴木敏文氏が会長に就任
2006年	6月	セブン＆アイがミレニアムリテイリングを買収、子会社として事業スタート
2009年	8月	ミレニアムリテイリングと西武百貨店、そごうの3社が合併、「そごう・西武」に
2015年	10月	サード・ポイントがセブン＆アイの株式を保有。イトーヨーカ堂の分離を求める
2016年	2月	鈴木氏がセブン－イレブン社長の井阪隆一氏に退任を求めるが井阪氏は拒否
	3月	サード・ポイントがセブン＆アイの取締役会に対し、鈴木氏の人事案に懸念を表明
	4月	セブン＆アイの取締役会が鈴木氏提案の人事案を否決。鈴木氏が退任
	5月	井阪氏がセブン＆アイの社長に就任
2017年	10月	セブン＆アイが、そごう・西武の2店舗をエイチ・ツー・オーリテイリングに譲渡
2019年		そごう・西武がＪ．フロント リテイリングに売却を打診するが交渉まとまらず
2020年		バリューアクト・キャピタル・マネジメントがセブン＆アイの主要株主に
2022年	1月	セブン＆アイがそごう・西武の売却をめぐる一次入札を呼び掛け
	2月	バリューアクトがセブン＆アイにそごう・西武の売却とイトーヨーカ堂の分離、ガバナンス改革などを要求
	2月	そごう・西武売却に関する一次入札が締め切られ、4陣営が二次入札に進む
	4月	セブン＆アイがそごう・西武売却の検討を公表。取締役会の過半数を社外取締役に
	5月	そごう・西武売却に関する二次入札が締め切られ、3陣営が応札
	7月	セブン＆アイがフォートレス・インベストメント・グループ陣営に優先交渉権を付与
	11月	セブン＆アイがフォートレス陣営にそごう・西武の全株式を譲渡する契約を締結
2023年	1月	セブン＆アイがフォートレス陣営との契約実行について延期すると発表
	3月	セブン＆アイが中期経営計画のアップデート。3カ年のヨーカ堂改革案についても公表
	3月	バリューアクトが井阪氏ら4人の取締役の退任を求める株主提案
	3月	セブン＆アイがフォートレス陣営との契約実行について無期限延期すると発表
	4月	セブン＆アイが株主提案に対して反対を表明、プロキシーファイトに
	5月	第18回定時株主総会で株主提案が否決される
	8月	そごう・西武の労働組合がストライキを断行
	9月	セブン＆アイがそごう・西武の全株式をフォートレスに譲渡
2024年	1月	イトーヨーカ堂が早期退職の募集を開始
	2月	イトーヨーカ堂が北海道、東北、信越地方の17店について撤退を発表

第1章　61年ぶりのスト突入

百貨店として61年ぶりとなるストライキを決行したそごう・西武。

実は、スト当日の数日前から、セブン&アイの社長を務める井阪隆一と、そごう・西武労働組合の中央委員長の寺岡泰博は、水面下での電話交渉を続けていた。

一体何が話し合われ、決裂、そしてスト突入に至ったのだろうか。

300人余りがデモに集結

2023年8月31日。翌日から9月だというのに、東京は朝から30度を超える厳しい暑さに見舞われていた。にもかかわらず、池袋サンシャインシティ裏の東池袋中央公園には、300人余りの人々が集結していた。首から青いたすきをかけ、「西武池袋本店を守ろう!」「池袋の地に百貨店を残そう!」などと書かれた横断幕を手にしている。一様に硬い表情を浮かべ、静かにそのときを待っていた。

彼らは、セブン&アイ傘下の百貨店、そごう・西武の労働組合(労組)の組合員たちだ。百貨店史上、実に61年ぶりとなるストライキ突入が避けられなくなり、デモ行進のために集まっていたのである。

この日に至るまで、そごう・西武をめぐっては事態が二転三転してきた。

セブン&アイ傘下のそごう・西武は全国で10店舗を運営していた。近年は業績不振が続き、2020年2月期から4期連続の最終赤字、その間に計上した赤字額は合計466億円に上っていた。

そのため親会社であるセブン&アイは、そごう・西武の売却を決断。2022年11月11

日、セブン＆アイの取締役会が米国投資ファンドのフォートレス・インベストメント・グループ（フォートレス）への売却を決議し、全株式の譲渡契約を締結した。フォートレスはヨドバシＨＤをビジネスパートナーに選び、西武池袋本店（池袋西武）にヨドバシカメラを出店させる計画を打ち出していた。

これに対して、雇用の維持を懸念する労組をはじめ、池袋西武を核とした再開発を進めていた地元の豊島区、そして池袋西武の地権者である西武ＨＤといったステークホルダーがつぎつぎ難色を示し、２０２３年１月と３月の２度にわたり、売却の実行が延期されていた。

図表1-1　４期連続で最終赤字
—そごう・西武の業績推移—

（百万円）

年	営業収益	営業利益	最終損益
2016	803443	7411	▲4034
2017	760692	4341	▲28426
2018	685888	5081	▲29973
2019	615256	3266	336
2020	600148	172	▲7526
2021	440484	▲6691	▲17239
2022	456842	▲3527	▲8826
2023	185434	2463	▲13059

（注）各２月期
（出所）セブン＆アイの決算補足資料を基に筆者作成

ストの二つの狙い

中でも労組は、売却後の事業継続と雇用維持に関する詳しい説明を求め、労使協議を続けていた。だが、売却実行後のそごう・西武の姿について一向に説明がなされないばかりか、売却の当事者であるセブン＆アイ社長の井阪隆一が交渉のテーブルに着こうとしなかった。そのため労組は、「説明のないまま強行突破されてしまうのではないか」（労組幹部）と危機感を強め、6月末からストというカードを視野に入れた活動に舵を切っていったのだ。

7月中旬。そごう・西武の地方店に、そごう・西武労組で中央執行委員長を務める寺岡泰博の姿があった。労使交渉の現状を説明したうえでスト権を確立する意図を丁寧に説き、投票してもらえないかと説得に回っていたのだ。

というのも、売却実行が延期され、そごう・西武の将来が不安視されていたことで、現場の販売員たちは高額商品を購入しようとする顧客から「アフターフォローは大丈夫か」と尋ねられたり、「来年はお中元やるの？」と聞かれたりしていた。取引先からも、「今後どうなるか不透明なおたくと、取引を続けることは難しい」と、取引の中断を申し入れられるケースも相次いでいた。

そのため「組合が騒げば、それが報道されて顧客の不安は増してしまう。組合はストなんて余計なことをせず、おとなしくしておいてくれといった声が多数寄せられていた」（寺岡）からだ。

寺岡によれば、ストの狙いは大きく二つあったという。一つは、強引にそごう・西武売却を進めようとするセブン&アイをけん制する狙い。もう一つはセブン&アイ社長の井阪対策だった。

寺岡は、「組合的にはそごう・西武の売却自体に反対しているわけではない。ずっと赤字が続いていたわけだから、それは仕方がないと思っていた」と断ったうえで、こう続ける。「ただ、組合としては売却後の事業継続と雇用維持だけは譲れなかった。売却後の姿がどのようになるのか、労使協議の場で何度も説明を求めていた。しかし一向に説明はなく、売却を強引に進めようとしている節があったため、スト権を確立してけん制しようと考えた」。

組合員の9割以上がストに賛成

もう一つの狙いについてはどうか。「そごう・西武を売却するのはセブン&アイだが、われわれ組合の交渉相手はそごう・西武の林（拓二）社長だ。ところが林社長には売却に関する決裁権がないばかりか、守秘義務を盾にセブン&アイから何も聞かされておらず、『話したくても話せるネタがない』というありさま。となれば、きちんとした説明を聞くためには井阪社長を交渉のテーブルに引きずり出すしかない。その手段、もっといえば武器としてスト権を確立し、井阪社長に対する『交渉力』を向上させるのが狙いだった」。

ただ、当初は「ストなどやったことはなく、自信はまったくなかった」と明かす。「流通業界でスト権を確立した会社はあるが、いずれも賃金闘争。しかも闘争後に要求が通らないからという事後型がほとんどで、事前に確立した経験があるのは旧ダイエーや上新電機くらいのものだ。ケーススタディがほとんどない会社方針への異議申し立てで、しかも事前型にトライしようというのだから自信などあるはずがない。内心、60~70%程度賛成してもらえればいいほうだろうと思っていた」

ところがふたを開けてみると、賛成率はとんでもない数字になった。約4000人の組合員に対して投票総数は3833票、賛成率は実に93・9%と9割を超えたのだ。

投票結果を受けて7月25日に会見を開いた寺岡は、「過半数を超えたということでスト権は確立された」と宣言する。硬い表情を崩さずに「従業員から見るとセブン&アイの対応はあまりにも不誠実に映っているということだ。今回の賛成率は全組合員の〝総意〟という認識だ」と語った。そのうえで、こう語気を強めた。「ストを決行すれば、取引先やお客様に大きな迷惑がかかる。したがってスト権確立をもって、すぐにストを行うということではない。今一度交渉力を上げて、会社と対峙していきたい」。

井阪社長が交渉のテーブルに

9割を超える賛成率を得たスト権の確立は、セブン&アイに衝撃を与えた。

8月1日、井阪はそごう・西武の社長を務めていた林を電撃解任し、新たな取締役3人を送り込んでそごう・西武の経営体制を刷新する。そして3日後の8月4日には、「使用者」ではなくあくまで「関係人」という立場ながら、自ら労使協議のテーブルに出てきたのだ。

協議の席上で井阪は、「いよいよ説明できる状況になったので来ました」と発言したというが、労組は「スト権を確立されてこれはヤバいと感じ、『セブン&アイとしては組合に説明した』というアリバイ作りのために参加したのだろうと見ていた。しかしわれわれとしても出席を要請していたので、それでも構わないということで受け入れた」という。

ただこの日、井阪から、労組にとって実のある説明はほとんどなされなかった。その理由についてセブン&アイ関係者は、「法務アドバイザーを務めていた西村あさひ法律事務所の弁護士や、フィナンシャルアドバイザー（FA）を務めていた三菱UFJモルガン・スタンレー証券（MUMSS）の担当者から、守秘義務に当たる可能性があるので余計なことは言うなと口止めされていたからだ」と説明する。両者の溝は埋まらず、時間ばかりが経過していった。

そうした中、「井阪が8月いっぱいに決議し、9月1日に売却実行との考えを持っている」との情報が伝わる。「これ以上は待てない」と、8月25日に臨時取締役会をセットしたというのだ。

この情報はまたたく間に広がり、一部メディアが「25日に臨時取締役会を開催して決議する」と報じてしまう。労組は「しっかりと話し合うと言ったではないか」と詰め寄るが、井阪は「誤報だ」と言って取り合わない。実際は、取締役たちに招集をかけていたにもかかわらずだ。

労組側は「このまま取締役会決議を強行して9月1日に売却するなら、本当にストを打つぞ」と迫り、抗しきれなくなった井阪は8月25日の臨時取締役会を流会とした。

井阪からの電話

翌8月26日の夜、寺岡の携帯電話が鳴った。電話の主は井阪だ。当初は無視していたが、あまりに繰り返しかかってくるため仕方がなく受信ボタンを押した。

「ストを発動すると言っていたが、考え直せないのか」

井阪は開口一番こう迫った。その後も、電話口で何度も「どうすればストを回避してもらえるのか」と繰り返したという。

「われわれが求めているのは事業継続と雇用維持で、開示されている今の情報だけでは判断できないし、納得もできません」

「だから協議は継続すると言っているじゃないか。なぜあなたたちは（フォートレスへの売却の）クロージング前にこだわるんだ」

「継続協議するというが、クロージングしちゃったらもう（雇用）条件などは変えられないじゃないですか。中身が具体化してきて、やっぱり雇用が守られないとわかったときに、『もう（株式譲渡）契約が済んでいるんで私たちは当事者じゃありません』なんて言われたら身もふたもないじゃないですか」

「雇用に関する具体的な話ができないのは、池袋西武のプランニングが出てないからだよね。それ次第で雇用もボリューム感も変わってくるよね。だから早くクロージングして、早く（店舗の）ゾーニングを決めて、早くどこがどれだけ要員が過剰なのかを見極める必要がある。つまり、クロージングして固まったほうがむしろいいじゃないか」。井阪は電話の向こうで明らかにいらだった様子だ。

「ならば井阪さん、そういうまだわからないような状況で、『雇用が守れる』というのは不思議な話じゃないですか。クロージングしなくても、想定したプランで取引先との交渉は始められるし、雇用だってシミュレーションできる。その結果を受けて、『これなら大丈夫ですね』『いや、これだとやっぱり難しいですよ』などと判断したいわけですよ。だからクロージングしないと交渉できないという理屈は理解できません」

「組合が主張していたのは情報開示だよね。4回も労使協議をやって、あなたたちの疑問、質問に全部答えたよね。もう成果は出たじゃないか。なのになんで突然ストとか言い始めるんだ。大義がないよ」

「いや大義はありますよ。情報はたしかに出していただきました。しかし池袋西武のゾーニングに関しても、報道よりも大まかなものしか提示いただいておらず、あれでは判断できません。あくまで事業継続と雇用維持がパッケージで、それが判断できるようなものではないからです」

ストの回避と売却の早期実行を求める井阪に対し、スト回避の判断ができるだけの情報がもたらされていないと主張する寺岡。この電話のあとも、週末じゅう2人は朝から夜遅くまで緊迫したやり取りを続けた。

激しく対立した井阪隆一・セブン＆アイ社長（左）と寺岡泰博・そごう・西武労組委員長（右）（撮影：今井康一［左］、尾形文繁［右］）

「借金が重いから売却するんだ」

説得が厳しいと感じたのか、井阪は池袋西武のみならず、そごう・西武の窮地や責任論に話を変えていく。

「そごう・西武の借金は3000億円もあって重い。これを返せなかったらどうなるのか。仮にこのディールがブレーク（破談）になったら、もう第2幕はなくて事業清算するしかなくなるんだよ」「そもそも百貨店は斜陽産業でしょ。中でもそごう・西武は、競合他社よりも伸び率が悪い。おまけに負債が大きくて、新たな投資はできないよ。われわれも（米国コンビニエンスストア［コンビニ］の）スピードウェイを買ったからもう投資はできないよ。仮にこのままグループを離脱したら、負債の利息だけで潰れちゃうよ。そういう状況だから（そごう・西武を）売却するんだよ」

たしかにそごう・西武は、約3000億円の有利子負債を抱えていた。しかし、そごう・西武のある幹部はこう話す。「百貨店は先行投資や大型改装をし、長期間かけて回収するビジネスモデルでコンビニとは大きく違う。事実、セブン&アイ傘下に入る前までもずっと2000億円くらいの負債は抱えてやってきた。傘下に入って1000億円増えたのは、セブン&アイ傘下の百貨店ロビンソンを引き受けさせられたりしたことに加えて、新型コロナウイルス感染症の影響が大きかったからだ」。

スピードウェイを買収したから百貨店に回す資金はないという理屈も、やや強引に映る。前出の幹部は、「もしそうだとしたら、経営判断の誤りではないか。『グループ経営に失敗したからもう面倒は見切れない。債権放棄してわれわれも痛みを受けるから、悪いけど虎の子の池袋本店を売却させてくれ』とはっきり言われるなら我慢もするが……」と憤る。

寺岡もこの幹部と同じ意見だ。「これまではずっと再成長だと言ってきて、急に負債が重いと言われても、組合員は納得しない。しかも3000億円のうち1700億円程度はグループファイナンスで、セブン&アイに『金を貸すから店を閉めろ』と迫ってこられた結果だ。それをグループから外れるから急に返せと言われても納得はできない」。電話でもそう繰り返し説明したというが、井阪は納得しなかった。

2人の交渉は、週が明けてもなお続いた。しかし、8月25日の臨時取締役会が流れたことで、「次の臨時取締役会は、月末ギリギリの31日」(労組幹部)と見られていた。井阪が

9月1日の売却実行にこだわっていたからだ。

スト通告後も続いた水面下交渉

もう一刻の猶予もない。労組は8月28日、「31日にストを実施する」と会社側に通告する。労使の規約上、ストの実施については48時間前に通告しなければならなかったからだ。ただ、この段階でも労組は、「ストはあくまでセブン&アイに決議を思いとどまらせようという〝圧力〟的な意味合いと考えていた」(労組幹部)。セブン&アイに対し水面下では「売却決議を見送ればストは回避する」と伝え、29日までに回答するよう求めるなど、ギリギリまでスト回避の道を探っていたのだ。

こうした中、井阪は一縷の望みをかけて、なおも寺岡に電話をかけていた。

30日の午前中のことだ。

「どうしてもストをやるのか」

「だって回答しなかったじゃないですか」

「何も9月1日(に売却)ありきじゃないんだから」

「ありきじゃないんですか? じゃあなぜそんなにこだわってるんですか。売却しなければ違約金でも払わなければならない契約になってるんですか？」

「そんなことはないよ」

「じゃあ継続協議にすればいいじゃないですか」

「わかった。じゃあ10月1日ならいいのか」

「いや、いいとも悪いとも言えませんよ。われわれは理解、納得できるかが焦点なので。9月1日がダメで10月1日ならいいという話ではないですよ」

「どうしてそうなるんだ。あなたは委員長だろう。あなたが『うん』と一言、言えばいい話ではないか」

「ちょっと待ってください。労組はトップダウンではありませんよ。もし会社側からそうした申し入れがあったら、職場集会を開いて、その後大会に持ち込んで決議して、そのうえで回答するという手続きを踏まなければなりません。1～2カ月はかかりますよ。この場で『うん、わかりました』なんて言えません」

「延期するから反対しないと確約しろ！」

井阪は食い下がる。

「あなたは委員長なんだから、組合員を説得すればいいじゃないか。10月まで延期すれば1カ月はあるんだから」

「組合員に説明はしますよ。しかし、みんなが納得するかどうかは別問題です。説明した結果、納得するかもしれないし、やっぱりダメってなるかもしれない。そういう意味では、9月1日より確率は上がるかもしれませんが、どうなるかはわかりませんよ」

井阪のボルテージはどんどん上がっていく。

「何なんだそれは。なんでそれが言い切れないんだ。あなたがちゃんとみんなを理解、納得させてくれればいいんだよ。とにかくストを回避しろ！　10月1日まで延期するから売却に反対しないと今この場で確約しろ！」

「そんなことできません」

「ストライキをすればブランド毀損が今より進むし、会社がおかしくなっちゃう。君は会社を潰す気か！」

「いやいや。そうなったらその責任は井阪社長のほうにあるんじゃないんですか」

「確約がないなら延期する意味はない」

「何度も説明しているとおり、確約はできません」

「頭を冷やしてほしい。一晩寝たら考えも変わるかもしれないから、改めてまた電話するよ」

「頭を冷やしていただきたいのは井阪社長のほうです」

結局、29日になってもセブン&アイからの公式な回答はなかった。労組は「交渉は決裂した」と判断し、この日、ストの突入を決意する。寺岡は、「残念ながら（売却の決議を取りやめるとの）確認が取れませんでした。苦渋の決断となりますが、ストライキの実施を判断いたしました」とのメッセージを組合員らに送り、スト実施への団結を呼び掛けた。対するセブン&アイは、９月１日の売却実行を目指し、８月31日に臨時取締役会の開催を決めた。

スト突入で全館閉鎖

こうして迎えた８月31日の朝、井阪は都内の自宅前で報道陣の取材に応じ、「西武池袋本店のストライキにつきましては、多くのお客様や関係者にご迷惑をおかけしており申し訳ございません。ストが長引かないように精いっぱい収束に努めてまいります」と述べ、頭を深々と下げて車に乗り込んだ。

ＪＲ四ツ谷駅にほど近い東京・千代田区二番町のセブン&アイ本社に到着後、井阪は午前9時から臨時取締役会の開始を宣言する。議案は当然、そごう・西武の売却実行についてだ。

数日前に社外取締役を対象として行われたレクチャーの場では、「このまま突き進んで大丈夫なのか」「組合の同意を得なくていいのか」といった疑問の声が上がったという。しかしこの日の臨時取締役会では、「労組のストに屈するようでは時代錯誤だ。延期すべきではない」といった発言が出て流れが変わり、売却容認派が大勢を占めていった。

開始から30分が経過した午前9時半、セブン&アイはストの実施を受けたコメントを発表する。「ステークホルダーの皆様にご心配、ご迷惑をおかけすることとなり、大変申し訳ない」と陳謝したうえで、セブン&アイとして今後も「適切な範囲で支援・協力をしていく」と、そごう・西武の経営に引き続き関与を続ける姿勢を示した。

午前10時。いつもなら開店時間で賑わう時間帯だが、池袋西武はすべての出入り口を封鎖し、ショーウインドウも含めてすべてのシャッターを下ろしたままだ。店頭には、「そごう・西武労働組合によるストライキ実施の影響により、誠に勝手ながら全館臨時閉館とさせていただきます。大変ご不便、ご迷惑をおかけしますこと、深くお詫び申し上げます」と書かれた紙が貼られていた。

正面玄関付近には、横断幕やプラカードを手にした組合員たちが、道行く人たちに「臨

池袋西武前でのスト活動。足を止める通行人もいた（撮影：山﨑理子）

時休業でご迷惑をおかけし、誠に申し訳ございません」と呼び掛けるとともに、売却決議を強行しようとするセブン＆アイ経営陣に非難の声を上げた。

「もしかしたら思い直すかもしれない」

午前11時、東池袋中央公園で寺岡はこう宣言する。

「取締役会での決議と株式譲渡契約書への捺印が終わるまでは、各ステークホルダーや消費者の皆様にわれわれの思いを伝えていきたい。そしてこの思いが何とかしてセブン＆アイの経営陣にも届いてほしいということで、これからデモを始めます」

組合員たちは「西武池袋本店を守ろう！」

そごう・西武労組によるストライキには、約300人の組合員が参加した（撮影：山﨑理子）

「池袋の地に百貨店を残そう！」などと訴えながら、ＪＲ池袋駅周辺をデモ行進した。

当初、臨時取締役会は1時間程度で終わるのではないかといった見方があったため、組合員たちは「もしかしたら取締役会は売却を思い直し、決議しないのではないか」と淡い期待を寄せた。だがそうした思いもむなしく、正午のテレビニュースで、セブン＆アイがそごう・西武の売却実行を取締役会で決議したと報じられると、組合員たちの間には落胆が広がった。

豊島区長の高際みゆきは、区役所で報道陣の取材に応じ、「労使双方が納得した形で新しいスタートを切ることを願っていた。結果的にこういう形になり、私としては残念な気持ちだ。従業員の方がどんな気持ちで今日を迎えたかと思うと、本当に胸が痛い」と述べた。

寺岡は記者団に、「驚きはないが、残念な気持ちがある」と語った。そのうえで、「今後の取り組みについては、労使の協調路線でと考えて探ってきた。意見の相違があって溝が埋まらなかったことは残念だ。われわれの意見はデモという形でしか伝えようがなかった。そういう意味では複雑な気持ちだ」と振り返った。

こうして、百貨店としては実に61年ぶりとなるストは幕を閉じた。

かみついたそごう・西武社長

しかし、なぜここまでこじれてしまったのか。

話は7月21日に戻る。この日はセブン&アイが、池袋西武にほど近い西武ＨＤの本社で、そごう・西武売却をめぐる「関係者全体会議」を開催していた。

ステークホルダーから売却に対する同意を得ることが目的だった。そのためセブン&アイの井阪をはじめ、池袋西武の地権者である西武ＨＤや地元の豊島区、そしてフォートレスの幹部らが揃って参加していた。もちろん、そごう・西武社長の林もいた。

林は、会議の席上でこう訴えた。

「本日、提示されたプランは、現時点ではそごう・西武として作成したものでも、正式に承認したものでもありません。よって組合にも正式な説明もしておりません。また取引先への説明も未着手の状況です。特選スペースにおきましても、すでにラグジュアリーブランド数社からは撤退・移転の意思表明が来ておりますが、ラグジュアリーブランドがメインとならない都市型百貨店は想像できませんし、皆様のご期待にも沿えないものになると考えます。またこのプランは、最重要顧客である女性顧客の維持・拡大という観点からしても難しいと言わざるをえず、さらに街全体の価値向上につながるかという観点においても確信は持てません」

林は、普段は物静かなことで知られる。一連のそごう・西武売却問題でも、井阪の言うことにほとんど反論もせず、「『井阪社長のおっしゃるとおりです。そうします』と答えていた」（セブン&アイ幹部）。そごう・西武の社員からは「どこの会社の社長なのかさっぱりわからない」と批判されるほどだった。

「林さんの前の社長だった松本（隆＝元社長）さんは、おかしいと思うことにはすぐかみつく人で、井阪さんから敬遠されていた。そのため井阪さんは、自分に盾突かない林さんを後任に据えた」（同）ともいわれていた。

ところがこの日は違った。林は「反対」という言葉こそ使わなかったものの、井阪に真っ向から異を唱えたからだ。「あの林さんが井阪さんに盾突くなんて。一体何があったんだ」という驚きで、会場は静まり返ったという。

あるペーパーが起こした波紋

林がかみついた「本日、提示されたプラン」とは、「リニューアル後の本館全体のイメージの一案」と題されたペーパーだった。そごう・西武売却後の池袋西武に関するリニューアル計画をまとめたもので、ヨドバシカメラが入居したあと、池袋西武がどのような店舗になるのかが記されたものだ。

当時、ヨドバシHDはそごう・西武を買収したフォートレスから、そごう・西武の不動産の持ち分を買収する意向を示しており、正面玄関をはじめとする低層階を中心に「西武池袋本店の半分以上のフロアを求めている」と関係者の間では囁かれていた。一刻も早い売却を目指していたセブン&アイは、こうしたヨドバシHDの意向を〝丸のみ〟した計画をそごう・西武が作成したものとして、会議に提示したのだ。

具体的には、池袋西武で〝一等地〟ともいえるJR池袋駅直結の北エリアと、中央エリ

図表1-2　ヨドバシカメラが「一等地」を占拠
―セブン＆アイ作成の「池袋西武改装案」―

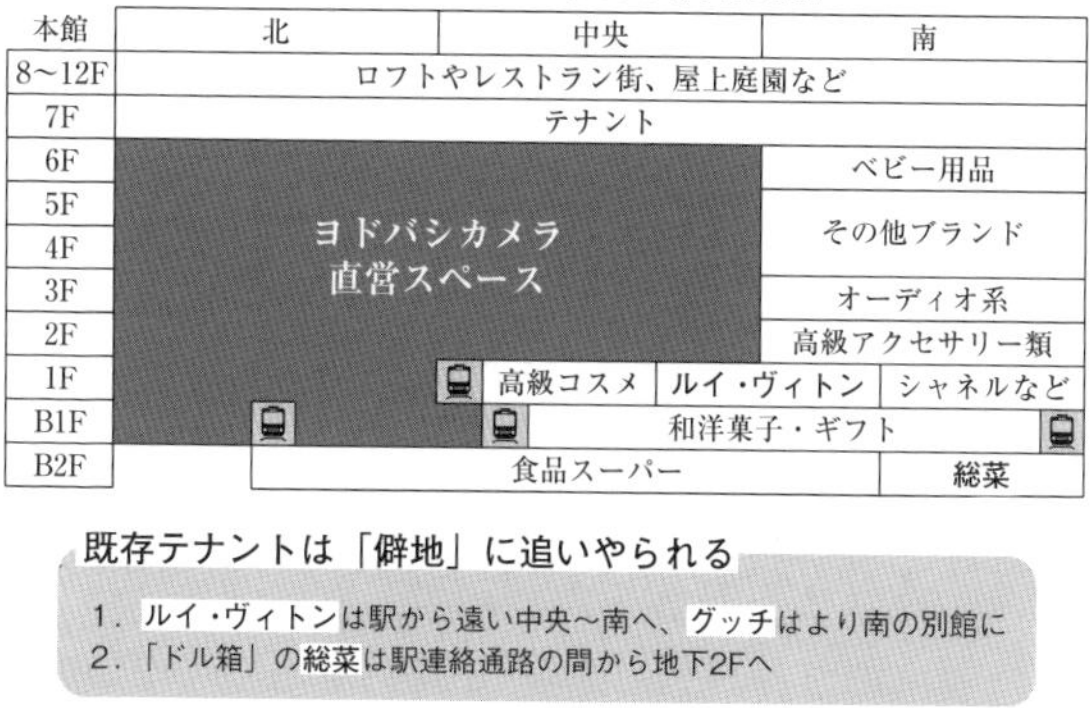

（注）■はJR、西武鉄道、地下鉄各駅との連絡通路
（出所）西武池袋本店のホームページや取材を基に東洋経済新報社作成

アのほとんどに当たる地下1階から地上6階までの大部分を、ヨドバシカメラが占めていた。6年ぶりの大規模改装を終えたばかりのラグジュアリーブランド、ルイ・ヴィトンを北エリアの1～2階から中央～南エリアに移転し、中央エリアに位置しているシャネルも駅から遠い南エリアへ、グッチに至ってはさらに遠い別館に移すとされていた。

また、百貨店の柱である紳士・婦人服売り場はほぼ消滅。駅の改札近くにありドル箱だった地下1階の総菜売り場も、地下2階の端にまとめられていた。

このプランが現実化すれば、池袋西武は百貨店の体をなさない館となることは明らかだった。しかも、「移転を迫られるラグジュアリーブランドからの反発は必至」（そごう・西武幹部）。それほどのリスクを負ってまでも、〝ヨドバシファースト〟の計画を策定し、売却の実施を急ごうとしたわけだ。

ペーパーにはこうも記されていた。「池袋本店に係るそごう・西武の不動産持ち分をヨドバシHDへ売却し、そごう・西武がリースバック。売却による資金を借入金返済に充当し債務状況を改善。そごう・西武のリースバック賃料を下げ、売り場効率を上げるために、面積を縮小しラグジュアリー特化の百貨店に生まれ変わる」。そごう・西武の財務を綺麗にすることを最優先とし、売り場はどうでも構わないと読むこともできた。

さらに、括弧書きながらわざわざ「フロアプランはそごう・西武が再生のために自ら検討した案」と書かれていた。だが、「こんなプランが実現してしまえば池袋西武は潰れてしまう。〝自ら〟作るわけがない」（そごう・西武幹部）。一部には「作ったのはセブン&アイで、それを無理矢理そごう・西武が作ったことにしてステークホルダーの納得を得ようとしたのではないか」との観測も流れた。

荒れた関係者全体会議

どういうことか。

池袋西武は長年、池袋東口のシンボルとなってきた（撮影：梅谷秀司）

事情に詳しい関係者によれば、このプランは本当にそごう・西武自身が作ったものだったという。とはいえ、積極的に策定したわけではない。正確に言えば、「そごう・西武が過去に、仕方なく作らされたもの」（そごう・西武幹部）だったのだ。

フォートレスへの売却が決定したあとの2022年11月後半、そごう・西武の幹部たちは東京・六本木のフォートレス事務所を訪れた。今後についてミーティングを行うためだ。その席でフォートレス日本法人代表の山下明男は、「いろいろレイアウトを考えてみたけど、これでいってくれ」と、池袋西武のレイアウト案をぽんと手渡した。

そこに示されていたのは、ヨドバシカメラが北エリアの地下1階から地上12階まで

図表1-3　池袋駅は家電量販店であふれる

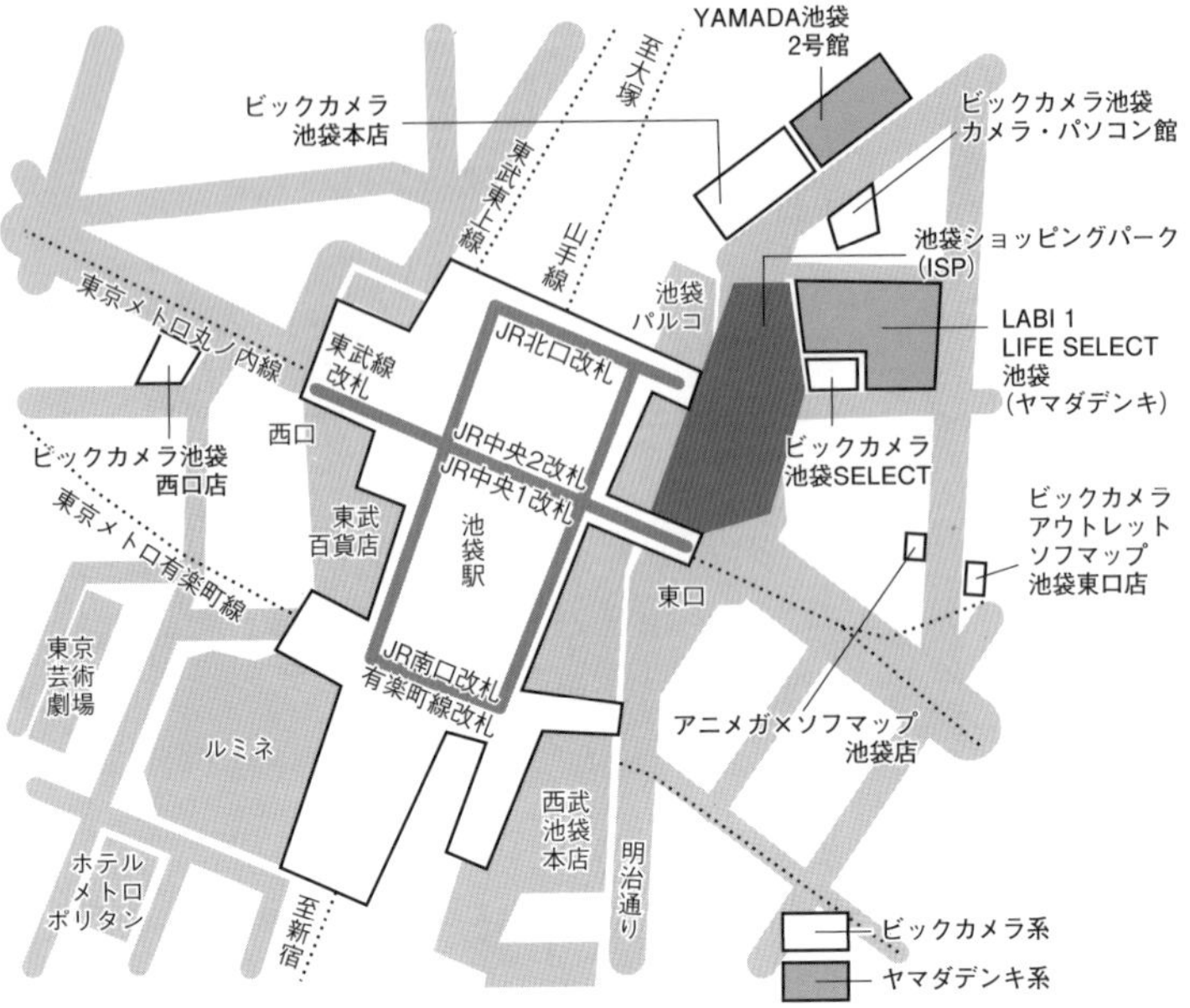

すべてを占拠、実に6割以上のフロアをヨドバシカメラが占める内容だった。「こんなもの到底受け入れることはできない。このままいくとわれわれは潰れてしまう」と感じたそごう・西武側は「いったん持ち帰らせてくれ」とその場を収め、年明けにかけて急ピッチで「ギリギリ受け入れられそうなレイアウトを投げやりのような気持ちで作成した」（そごう・西武幹部）という。

そうした経緯で作成したプランが、まさかそのまま関係者全体会議に提出されるとは――。そのため林は、「現時点ではそごう・西武として作成したものでも、正式に承認したものでもありません」と反論したのだ。

関係者全体会議に戻ろう。一瞬静まり返った会場は、すぐに大荒れとなる。当事者であるそごう・西武の社長が改装プランに異を唱えるとは何事か。出席者からは不満が噴出する。

豊島区長の高際は、「林社長のお話を聞いて驚きました。何も決まっていない状況ではないですか。こんなのでは豊島区の商業関係者に説明できませんし、売却合意書などを本日は出せません」と怒りをあらわにした。議論を見守っていた西武ＨＤ会長の後藤高志も、「セブン＆アイさんのこれまでの行動、発言は、親会社としての株主責任を負うものとは思えません。こうした中で、豊島区や商業関係者の方々の売却の了解は得られません」と苦言を呈した。

結局、次回の会議の開催日程さえ示されることなく、この日の会議は終了した。ステークホルダーたちの納得を得て、売却に対する同意を取りつける予定にしていた井阪にとっては大きな誤算となってしまった。

「一人株主総会」で電撃解任

この一件以来、井阪の姿勢は大きく変わっていく。それまでは、そごう・西武売却の責任者にほぼ任せ切りだったが、「このままではらちが明かない」と判断したのだろう。

井阪を除くセブン&アイの経営陣たちは〝触らぬ神に祟りなし〟で、「大変ですねぇ」「担当じゃなくてよかったですよ」などと言うばかりだ。そごう・西武の売却問題に触れたがらない彼らの協力を得ることも難しい。仕方なく、「自らが前面に出て事態の収拾を図っていくと腹をくくった」(セブン&アイ関係者)わけだ。

井阪はすぐさま動いた。関係者全体会議からわずか11日後の8月1日、そごう・西武社長の林を突如解任、代わりに取締役常務執行役員を務めていた田口広人を社長に昇格させたのだ。

「林さんが反旗を翻した以上、そのまま社長に置いておくわけにはいかない。そもそも井阪さんは、林さんがぐずぐずしていたせいで話が前に進まないと思っていた。だから関係者全体会議が終わってすぐ、林さんの更迭を決めてしまった」(セブン&アイ幹部)。

解任を告げられた林は激怒したというが、それもあとの祭りだった。

同時に井阪は、セブン&アイの常務執行役員でそごう・西武の取締役を兼務していた山口公義を取締役副社長に昇格させたほか、セブン&アイの執行役員だった脇田珠樹と戸田泰精、そしてセブン&アイ・クリエイトリンクの取締役専務執行役員だった井上了徳をそごう・西武の取締役に送り込む。それまではそごう・西武の取締役8人のうち、そごう・西武側が6人を占めて主導権を握っていたが、取締役を10人に増やし、かつ半数をセブン&アイ側にすげ替えたのだ。

「地権者である西武HDとさまざまな契約を結んでいるのは、セブン&アイではなくそごう・西武。売却に際してはそごう・西武の取締役会の決議などが必要になる。売却を円滑に進められるよう社長更迭に加えて、取締役会の勢力図も変えてしまおうというのが井阪さんの狙いだった」と、セブン&アイ関係者は明かす。

後藤西武HD会長が心変わりしたとの情報

突っ走る井阪を、さらに勢いづけさせる出来事が起きる。お盆の頃になって、セブン&アイに「西武HDの後藤会長が了解したらしい」との情報がもたらされたのだ。

後藤は、2005年にみずほコーポレート銀行（現みずほ銀行）副頭取から、当時、有価証券報告書への虚偽記載で揺らいでいた西武鉄道の社長に就任。2006年、西武HD発足と同時に社長に就任し、2023年からは代表取締役会長を務める実力者だ。セブン&アイとしても、池袋西武の地権者として無視できない。

後藤は以前から、「西武HDは当事者ではないため、判断に対してとやかくいえる立場ではない」「ヨドバシカメラを一義的にノーと言うつもりは毛頭ない」などとしながらも、「ステークホルダーの皆さんに喜んでいただける形で進めなければならない。池袋西武は池袋地区最大のピースだ。そうしたことはセブン&アイもフォートレスも十分ご理解いただけていると思っているので、いい形でプロジェクトを進めていただきたい」と発言するなど、セブン&アイのやり方について暗に異を唱え、ステークホルダーの理解を得る努力を促していた。

そのため労組や地元豊島区など、そごう・西武売却に反対するステークホルダーたちにとって後藤は〝最後の砦〟となっていた。そんな後藤が翻意したとなれば、形勢は一気に不利になる。「裏切られた気持ちだ。これで終わったなと感じた」。複数のそごう・西武幹部たちは落胆の色を隠さなかった。

逆に井阪にとっては、〝最大の障壁〟だった後藤が売却を了承したとなれば、まさに追い風となる。井阪は、「今こそ最大のチャンス。後藤さんの意思が変わらないうちに、一

池袋西武売却のキーマンの一人となった後藤高志・西武ＨＤ会長（撮影：梅谷秀司）

気に攻勢をかける」（セブン＆アイ幹部）と、8月25日に臨時取締役会を開催し、売却の実行を決議しようと決める。

前でも触れたように、結果的にはこの臨時取締役会は開かれなかった。だがその陰で井阪は、8月1日に続いて再びそごう・西武の取締役人事を断行する。新たにセブン＆アイの執行役員で人財本部長の榎本拓也など3人の取締役をそごう・西武に送り込んだのだ。

役員構成が「セブン＆アイ」過半数に

この人事によって取締役は10人から13人に増加。うちセブン＆アイの兼務者が8人と、過半数を取ることになった。

井阪にはそうする理由があった。というのもそごう・西武の取締役副社長に就任していた山口が、井阪の方針に抵抗していたからだ。山口は旧西武百貨店出身で、セブン＆アイに移ってからも井阪に対して臆することなく直言するため、井阪も信頼を寄せて一目置いていた。

そんな山口は、井阪のことを「援軍もいない中で孤軍奮闘、一人で本当によくがんばっている」と高く評価していた。しかしそごう・西武売却については、労組や西武ＨＤの理解をしっかりと得たうえで進めるべきという「ソフトランディング路線」を主張していた。「拙速に進めるのではなく、1～2カ月程度時間をかけて説得するべきだと、井阪さんに進言していた」（そごう・西武関係者）。

井阪は当初、山口のことをセブン＆アイ側にカウントしていたのだろう。しかし、そごう・西武側に付く可能性が高いと考え、「取締役会の過半数を取ってセブン＆アイ色を強めた」（セブン＆アイ幹部）というわけだ。山口は8月中旬、売却を強引に進めようとする井阪のやり方に抗議する意味も込めて、辞意を伝えた。

送り込まれた新取締役3人はすぐに動く。この日開かれたそごう・西武の取締役会で、定款の「株式の譲渡制限に関する規定」を変更する議案を提出したのだ。これは「当会社の株式につき設定された担保権の実行に伴う担保権者若しくはその子会社若しくは関連会社又は担保権者の指定する第三者に対する譲渡による株式の取得については、株主総会の承認があったものとみなす」というもの。簡単に言えば、担保権者であるセブン&アイが指定する相手への株式譲渡はそごう・西武の承認を必要としないということ。過半数を握ったセブン&アイ側の取締役によってこの議案は可決され、そごう・西武は自社の株式譲渡について一切関与できなくなってしまった。

後藤の翻意がきっかけで、そごう・西武の役員構成は図らずも大きく変わることとなった。ただ、後藤が本当に売却を了承したのかについては、実は定かではない。ただ、西武HDの複数の関係者が「柔軟になった」と口を揃えており、姿勢に変化が現れたのは事実のようだ。

「そうですか」の一言が漏れ伝わったか

その理由について、ある西武HD関係者はこう明かす。

「8月のお盆前に、井阪さんから後藤さんのもとに『折り入って』と連絡があり、『もう、(売却を)進めることになりましたので』と伝えてきた。西武HDはあくまで地権者の立場で、売却の当事者ではないため、最終的に判断するのはセブン&アイ。井阪にそう言われてしまうと『そうですか』としか答えようがなかった。この『そうですか』という言葉が、後藤さんが了解したという形になって一気に広がったようだ」

後藤は以前から、「池袋西武の低層階、特に正面玄関や西武鉄道の改札周辺がヨドバシカメラになることには抵抗がある」との意向を持っていたとされる。そのため、セブン&アイやフォートレスが「改札付近はそごう・西武にするようプランを変更した」という情報があり、それを受けて後藤の態度が柔軟になったのではないかとの見方もある。

さらには「後藤さんもやっぱり旧第一勧業銀行出身のバンカー。すでにセブン&アイとフォートレスとの間でそごう・西武の株式譲渡契約は結ばれており、最終的にはM&Aの常識を優先したのではないか」といった見方を示す大手銀行幹部もいる。

一部には、セブン&アイが西武HDに「承諾料」として108億円を支払ったことで、売却に合意したとの報道もあった。しかし、不動産の賃借権を第三者に譲渡する場合には土地所有者からの承諾が必要で、承諾料はその対価として支払われる一般的な商慣習にすぎない。報道では、8月25日のそごう・西武の取締役会で支払いが決議され、売却前日の8月31日に西武HDと金額で合意したとされている。時期も少しずれており、あまり関係はなさそうだ。

ただ、そもそも後藤は以前から、百貨店の顔となる低層階はそごう・西武がいいとしつつ、ヨドバシカメラの集客力にも一定の評価をしており、両者が相乗効果を出すことが一番だと思っていた節がある。そのため、セブン&アイに対してはずっと「ステークホルダーが協議する場」を設置するよう求めていた。関係者全体会議も開催されたわけで、西武鉄道や池袋地区の発展という観点から納得したのかもしれない。

いずれにしても「後藤が心変わりした」という情報が、井阪の背中を押したことだけは間違いない。井阪は「性格が優しく人がいいため、言われたことをすぐ信じてしまう。別の人が違うことを言えばまたそちらを信じてしまうため、まるで右往左往しているかのように映る」（セブン&アイ幹部）などと評価されることもある。

しかし今回は、林の反乱を境に、人が変わったようにそごう・西武売却というゴールめがけて突っ走り、9月1日の売却実行に至ったように映る。

譲渡価格は8500万円

そごう・西武売却スキームは少々複雑だ。

まずセブン&アイは、そごう・西武に対する貸付金のうち916億円を放棄する。それにより、そごう・西武の有利子負債は約2000億円となる。その有利子負債を、当初、セブン&アイがフォートレスに提示したそごう・西武の買収金額2200億円から差し引き、調整を加えた結果、最終的な売却額に当たる株式譲渡額はわずか8500万円となった。

当初、買収金額は2500億円とされていたが、延期を重ねたことで300億円減額された。つまりセブン&アイは、延期分のディスカウントに加えて、借金を実質的に肩代わりしてそごう・西武の過剰負債を整理することで、それまでのけじめを付けた形だ。とはいえ、〝お荷物〟だったそごう・西武を切り離すことができ、さらにアクティビスト（物言う株主）にも顔が立った。

一方のフォートレスは、まず3メガバンクからブリッジローン、いわゆるつなぎ融資として計2300億円弱を借り入れてそごう・西武を買収する。そのうえで、池袋西武やそごう千葉店、西武渋谷店（渋谷西武）の土地や建物の一部と、そごう・西武の子会社の株式などをヨドバシHDに3000億円弱で売却し、得た資金を銀行への返済に充てた。

フォートレスは、傘下に収めたそごう・西武の店舗改装や設備投資に資金を投じるとしているが、池袋西武の一部をはじめとする売り場を手にしたことに加えて、一定の利益も確保した可能性が高い。途中の交渉が迷走したため想定以上に時間はかかったものの、「リターンとしては十分」（投資ファンド幹部）だろう。

図表1-4　フォートレスによるそごう・西武買収スキーム

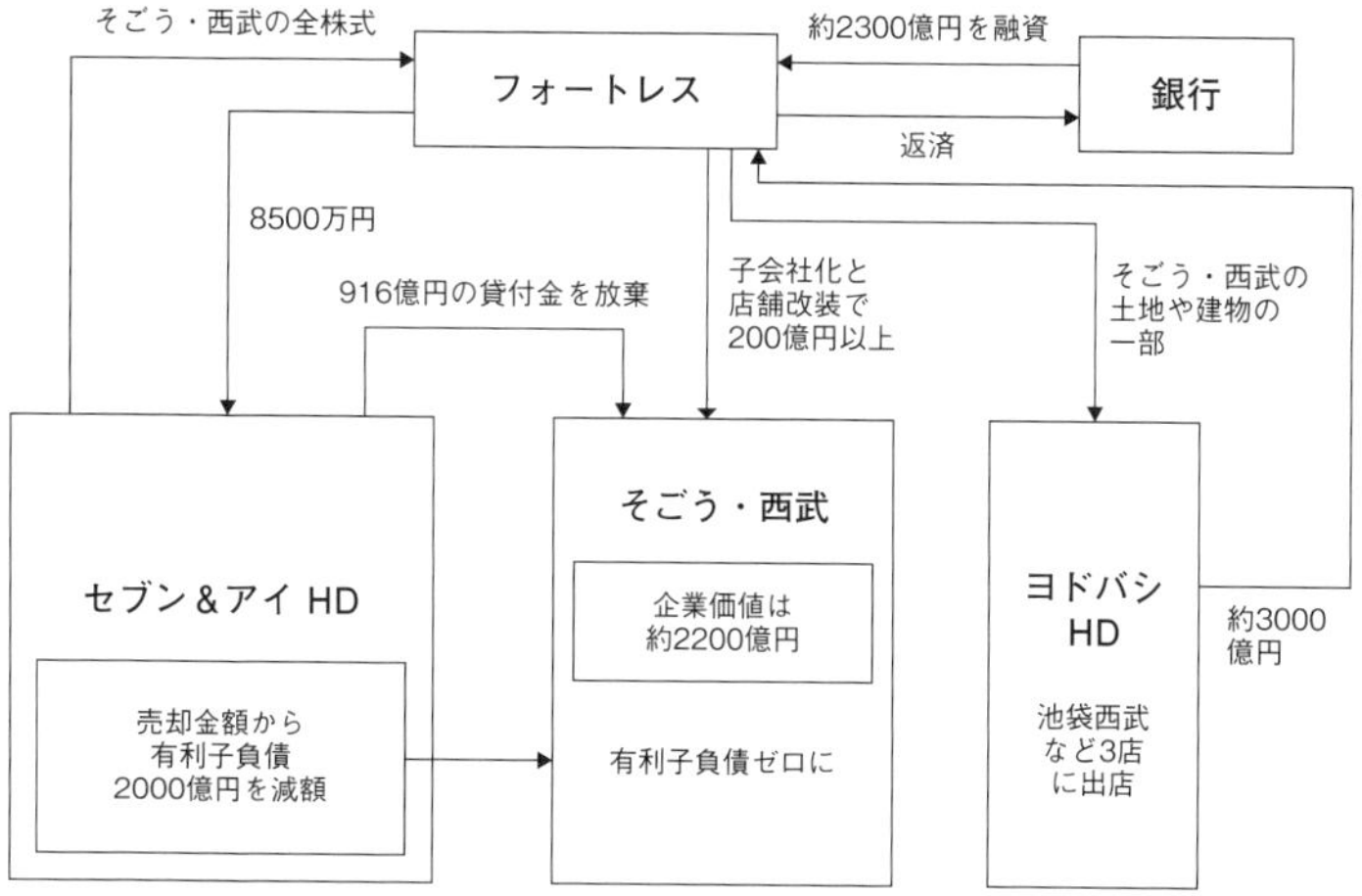

最も大きなリターンを受けたのはヨドバシHDだ。ヨドバシHDはこれまで、都心の駅前好立地の物件を取得して、ヨドバシカメラを核テナントとした商業施設を開発し収益を上げてきた。東京・秋葉原のマルチメディアAkibaや大阪のマルチメディア梅田などが象徴的だ。

ヨドバシHDは今回、悲願だった池袋をはじめ渋谷、千葉という優良物件を手に入れることに成功した。しかも梅田の開発費が約2000億円ともいわれる中で、3000億円弱でそごう・西武の基幹3店をゲットしたのだから「かなりお得なお買い物」（投資ファンド幹部）に違いない。しかも面倒なディールや、そごう・西武の経営に関与せずに済んだ。

ただこうしたスキームについては、Ｍ＆Ａ関係者から疑問の声が上がっている。フォートレスが取得後、間髪を容れずに池袋西武の土地などをヨドバシＨＤに売却しているからだ。ある投資ファンド幹部は、「これでは事実上のヨドバシＨＤによるそごう・西武の買収にほかならない。つまり〝トンネル買収〟だ。それを伏せて交渉していたのは極めて不誠実で禁じ手といってもいいのではないか」と指摘する。

さらにいえば、井阪がこうしたヨドバシＨＤによるトンネル買収を事前に知っていながら、「売却先はフォートレス以外にない」と繰り返し、フォートレスへの売却に突き進んだとしたのなら「なおさら罪は重い」と投資ファンド幹部は語る。

第2章　史上最悪のディール

セブン&アイと労働組合の主張は最後まで平行線をたどり、ついにストにまで発展してしまった。だが今回の売却劇をめぐっては、そもそも最初の入札の段階から〝不可思議なこと〟が起きていた。

投資ファンドの幹部たちが「史上最悪のディール」と口を揃える理由とは。

ブラックストーン辞退の衝撃

2022年1月末、セブン&アイのFAを務めるMUMSSが、国内外の投資家に入札への参加を呼び掛けたことでそごう・西武の売却劇は幕を開けた。

一次入札にはフォートレスをはじめ、ローンスター、ブラックストーン、KKR、ベインキャピタルといった名だたる米国の投資ファンドはもちろん、シンガポールのソブリンウエルスファンド（国富ファンド）であるシンガポール政府投資公社（GIC）などが参加した。事業会社でも、大丸や松坂屋を傘下に持つJ・フロントリテイリング（J・フロント）がゴールドマン・サックスと手を組み参戦、ほかにも西武池袋本店（池袋西武）を壊し巨大なマンション建設を目指していた不動産デベロッパーが応募していた。

その数、実に8陣営。「2000億円はくだらないディール」（投資ファンド幹部）との呼び声が高く、不動産デベロッパーに至っては「5000億円程度なら出してもいい」と豪語していた。

一次入札は2月21日に締め切られ、フォートレス、ローンスター、GIC、そしてブラックストーンの4陣営が駒を進める形になった。ところがだ。ブラックストーンが二次入札には応札せず、辞退するというショッキングな出来事が起きる。

「途中で辞退するくらいなら最初から参加しなければいい話だし、応札社側から辞退するなどなかなかあることではない。ファイナンス（買収資金）が手当てできないといった理由ならありうるが、一次入札の段階ならどの陣営も手当てできていないのは当たり前。よほどのことがあったのだろうとの観測が広がった」（投資ファンド幹部）。

事情に詳しい関係者によれば、「ＭＵＭＳＳが仕切る入札の進め方に納得いかなかったもようで、一次入札は通過したものの不信感を拭いきれず、これ以上は時間と金のむだ遣いだと判断したようだ」と明かす。

この関係者が語る「不信感」は、二次入札から優先交渉権の付与に至るまで、ずっと応札者たちにつきまとい続けることになる。

消極的な情報開示に疑心暗鬼

ブラックストーンの辞退によって、二次入札にはフォートレス、ローンスター、そしてＧＩＣの３陣営が応札、５月23日に応募が締め切られた。だが、締め切られる間際になって、「信じられないことが起きた」（投資ファンド幹部）。

入札価格を根底から見直さざるをえないようなネガティブな重要情報がつぎつぎに開示されたというのだ。「われわれが二次入札に進んだ段階からずっと開示を求めていたものがなぜかこの段になって出てきた。ずっと無視され続けてきたのに……」（投資ファンド幹部）。

ネガティブな情報とは、たとえば渋谷の一等地に建つ渋谷西武に関するものだ。渋谷西武には地元自治体をはじめ、松竹など複数の地権者が存在し、そごう・西武の持ち分は少ない。それだけでも十分ややこしいのだが、どうしても渋谷に進出したかった当時の西武百貨店が、そうした地権者らと「家賃のみならず出退店に関しても、今では考えられないほど不利な条件で契約を結んでいたため、容易には売却できない店舗になっている」（そごう・西武関係者）。

ところがそうした話が、二次入札の締め切りギリギリまで応札者たちには伏せられていた。通常であれば、一次入札を通過した直後にでも開示されるべきであるにもかかわらずだ。

「資産査定にはそれでなくても時間がかかる。しかも渋谷は池袋に次ぐ重要な店舗で、かつ契約が複雑とあっては余計にだ。そうした情報が締め切り直前まで開示されないなんて、M&Aの常識からいって信じられない」（ある陣営の幹部）。

ほかにもある。入札に当たっては、エンジニアリングレポートといって、設備の状況をもとに必要なメンテナンス費用などを算定してまとめる必要がある。通常であれば作成に1カ月くらいかかるが、セブン&アイからはそごう・西武の各店舗に関する詳しい情報もギリギリまで提供されなかった。

ある陣営はセブン&アイに対し、「こんな短時間では無理だ。二次入札の締め切りを延長してくれと数回にわたって申し入れたが、完全に無視された」という。「あまりにもむちゃくちゃな話で、M&Aの世界ではありえないことだ。詳細な分析ができず、提案価格については大ざっぱな金額を提示せざるをえなかった。内部では、途中で降りてしまったほうがいいのではないかという話さえ出ていた」(この陣営の幹部)。

別の陣営の幹部も、「すぐにでも出せるような情報を締め切り直前まで出さないなど、恣意的にやっているとしか思えなかった。FAであるMUMSSは、資産査定などが間に合わない不完全な計画を提出させて、われわれを落とそうとしているのではないか。そんな疑心暗鬼に駆られた」と語る。

こうした不満や要望はセブン&アイにも伝わっていた。しかし聞き入れられることなく、二次入札は予定どおり5月23日に締め切られた。

ローンスターは非中核店の「ショッピングセンター化」に特色

二次入札に進んだ3陣営が提出したそごう・西武再建プランは、それぞれに特徴があった。最も緻密な計画を策定したのがローンスター陣営で、池袋、横浜、千葉、大宮の4店舗を中核店舗と位置付けて百貨店として再生、それ以外の非中核店舗6店についてはショッピングセンター化などで再生を図る内容だ。もう少し詳しく見てみよう。

売り上げの7割を占める中核店舗に関しては、収益性の高いラグジュアリー、食品、婦人雑貨の直営売り場を強化する一方で、収益性の低い子ども服、インテリア用品売り場にはスポーツショップや衣料品専門店、生活雑貨専門店といったテナントを誘致する。こうして直営売り場を60％から40％程度まで引き下げ、テナントに賃貸した家賃収入で収益性の向上を図るとしていた。

中でも池袋については、商業棟とオフィス棟の2棟体制を構想していた。別館と書籍館などが入る南エリアを高層オフィス棟に建て替える。北エリアは従来の百貨店に加えて、保育所や、サブカルチャーの発信を含めたイベントスペースなどを確保した次世代型百貨店に改装するというものだった。

一方、非中核店舗に関しては、百貨店事業として継続するのは合理性が低くなっていると判断。限定的な投資によって収益水準の維持を図りつつ、テナントを導入したショッピングセンター化をはじめ、将来的には地場の小売店などに売却してグループからの切り離しも検討していくとしていた。中でも渋谷は、土地・建物の所有割合が低いため再開発の主導権は握れないとして、売り場やオペレーションを見直して赤字を最小化しつつ、デジタル企業やスタートアップ企業などに売り場を提供、情報発信拠点としての可能性を模索することも検討するとしていた。

テナントを導入してショッピングセンター化すれば、固定の家賃収入という安定的な収益を得ることができる。これはJ・フロントが得意とする手法で、東京・銀座の松坂屋銀座店跡地に作ったGINZA SIXなどが好例だ。

全店維持を売りにしたGIC

ちなみに、本部のスリム化や百貨店の最適化、テナント導入などによって発生した余剰人員は、外商へ配置転換したり、新たな施策を進めたりすることで、そごう・西武自身の計画よりも390人多い新たな雇用を生み出すことができるとしていた。外商とは担当者が富裕層のもとに出向き、ラグジュアリーブランドや呉服・宝飾・美術といった高級商品を販売するだけでなく、日常の衣食住に至るまで富裕層の生活全般をサポートする百貨店特有のサービスで、何代にもわたって付き合っている富裕層は少なくない。

池袋など中核店舗に関しては、再開発にめどが立った段階で不動産として売却、店舗部分をリースバックする可能性についても触れていた。

一方のＧＩＣ陣営は、全店舗を維持したまま、百貨店として営業を続ける構想だった。「百貨店業界が不調なのは、いわゆる平場といわれるボリュームゾーンから、中産階級の顧客が離れていってしまったから。ラグジュアリーブランドや、アートを含めた高級商品の売り上げは決して悪くない。外商も非常に好調で、そうした分野や事業に経営資源を振り向けていけば再建できる」とＧＩＣ陣営の幹部は語っていた。

あわせて、かつて旧西武百貨店が立ち上げた雑貨の「ロフト」やファッションの「シード」といった、編集売り場から専門店へ拡大したような「専門大店」を開発して、積極的に導入していくとの計画を持っていた。「地方店も、現在残っている店は残るべくして残った店。高級商品シフトと専門大店の導入によって再建できる」（ＧＩＣ陣営の幹部）。

百貨店としての再生を掲げるＧＩＣ陣営は、雇用についても全従業員の維持を提示した。リストラは実施せず、自然減だけで10年は保証するという内容だ。

「数年で他社へ売却したり上場したりといった出口戦略（エグジット）を取る投資ファンドとは違い、長期間にわたってエグジットしないからできること。それもこれも、シンガポールのウエルスファンドが運営しているため、資金的に余裕があり長期投資できるからだ。百貨店としてそのまま営業を継続、雇用も維持するのだから、最も受け入れられやすい提案だろう」。ＧＩＣ陣営幹部はそう自信を見せていた。

ヨドバシを連れてきたフォートレス

これらに対し、フォートレス陣営はヨドバシＨＤというビジネスパートナーを連れてきた。買収後、ヨドバシＨＤに池袋西武や渋谷西武などの不動産の一部を売却し、そこにヨドバシカメラとそごう・西武がそれぞれ核テナントとして入居する。ヨドバシカメラの集客力を生かして魅力を向上させ、そごう・西武の価値も高めるという構想だ。

ヨドバシＨＤは当初、フォートレス陣営と組むとは決めていなかったといわれる。「他の陣営とも話をし、入札で勝ち残った陣営と手を組もうとしていた節がある」と事情に詳しい関係者は明かす。

この関係者によれば、フォートレス陣営が一次入札に応札した1月末の段階では、まだヨドバシＨＤの名前は挙がっていなかった。フォートレスがヨドバシＨＤに声をかけたのは、一次入札が締め切られたあとだということになる。

　メディアはその頃から「フォートレス・ヨドバシ連合」と表現していたが、ヨドバシＨＤ自身は「われわれにとってフォートレスは単なる不動産の購入相手。セブン＆アイとの交渉など前面に出るのはフォートレスであって、われわれが主導権を握って進める話ではない」（ヨドバシＨＤ関係者）と、買収交渉から一定の距離を置く姿勢を貫いていた。

　そのため、のちにヨドバシカメラが出店する計画に対して労組をはじめとするステークホルダーらが反発した際にも、ヨドバシＨＤは表舞台には出てこなかった。セブン＆アイとフォートレスがヨドバシＨＤに妥協を促しても、「絶対に買わなければならないわけではない。いやなら降りるだけとの姿勢だった」（セブン＆アイ関係者）という。

　しかしフォートレス陣営は、あくまでもヨドバシＨＤにこだわった。その理由はずばり資金面だ。２０００億円とも３０００億円とも言われていた今回のディールにおいて、各陣営は銀行からの融資に加え、負債を活用した買収を検討していた。だが銀行は、そごう・西武、ひいては百貨店業界の将来性について疑問視し、慎重な姿勢を示していた。

　そこでフォートレスは、資金の出し手としてヨドバシＨＤに目を付けたのだ。いったん銀行からブリッジローンを受けるものの、そごう・西武を買収したらそれをそのままヨドバシＨＤに売却、売却で得た金をローンの返済に回すというスキームだ。

これであればすぐ返済されるので、銀行も前向きになる。ヨドバシＨＤも念願だった池袋西武をはじめとする大型店舗を手に入れることができるという、まさにウイン‐ウインのスキームだったわけだ。

ただ、フォートレス案はヨドバシＨＤと組むこと以外、具体的な再建策についてはほとんど伝わってこず、関係者たちは「フォートレスが何を考えているのかよくわからず、不気味な感じだった」と口を揃える。

最高値のフォートレスに優先交渉権

二次入札が締め切られて1カ月余りが経過した7月2日、フォートレス陣営が優先交渉権を得たことが報じられる。「提示価格は２０００億円を大きく超えたもよう」「そごう・西武の再建について、家電量販店大手のヨドバシＨＤと連携に向けた協議も進めている」「金額などの条件面でフォートレスが上回ったと見られる」――。

この段階での各陣営の提示額は、フォートレス陣営が約２８００億円、ローンスター陣営が約２７００億円、そしてＧＩＣ陣営が約２１００億円と見られ、フォートレスが頭一つ抜けていたとされる。

これに対し関係者からは批判が噴出する。「結局、セブン&アイはそごう・西武の再建などどうでもよく、価格で選んだのか」「ヨドバシHDとの具体的な協議はこれからで、具体的な再建策も提示していないのに優先交渉権を得るなんて、こんなディールやってられない」「渋谷西武をはじめ地権者がややこしい物件が多く、調べれば調べるほど高い価格は入れられなくなった。なぜフォートレスはそこまで高い金額を提示できたのか不思議でならない」。

「こんな史上最悪のディールは聞いたことがない」と吐き捨てる人もいた。

欧米のM&Aの世界では、行き過ぎた企業買収防衛策や、株主の利益をないがしろにした経営者の自己保身を排除するため、買収価格の最大化を図らなければならない「レブロン基準」がある。要は価格が少しでも高い候補者に売却しなければならないというもので、フォートレス選定はそのルールにのっとったものともいえる。

ただローンスターとフォートレスの差はわずかだった。ローンスターは、そごう・西武の有利子負債から現預金やグループ内での短期預け金などを差し引いた純有利子負債を約2700億円と算出。これを差し引いた1円でそごう・西武の全株式を取得するとしていた。その後、グループ内取引でセブン&アイがそごう・西武に貸し付けていた1724億円のうち240億円を返済し、残った1484億円を一般債権より返済順位が劣る劣後ローン化してセブン&アイに引き受けてもらう計画だった。

劣後ローンに関しては、再建を果たした段階で買い取るというスキームだったが、「劣後ローンというワードをセブン&アイ側が嫌ったのかもしれない」。ローンスター陣営の幹部はそう悔しがった。

フォートレスに決めた二つの理由

当然のことながらセブン&アイは価格で決めたなどと言うわけもなく、「すべての提案を比較検討して決定した」とした。しかし、それはあくまでも公式見解にすぎない。あるセブン&アイの関係者は、「フォートレスでなければならない理由は大きく二つあった」と明かす。銀行対策と、そごう・西武の有利子負債の処理だ。

まず銀行対策については、前述したようにヨドバシHDに3000億円程度で不動産を買ってもらうことで、銀行融資を返済するというスキームだったため、銀行の支持を得やすかった。

もう一つが、そごう・西武が抱える3000億円余りの有利子負債の処理だ。今回セブン＆アイは、そごう・西武向け貸付金916億円を放棄したため、最終的な株式譲渡額がわずか8500万円だったとして驚きをもって受け止められた。しかしこの幹部は、「残ったただけマシ」と語る。

「売却に当たっては当初、貸し付けていた1724億円すべてを債権放棄しなければならないのではないかともいわれていたのに、916億円で済んだ。これは、やはりヨドバシHDが3000億円もの金を出してくれるスキームだったからだ。そうでなければ債権放棄額はもっと増え、セブン＆アイの経営陣は株主代表訴訟で訴えられていたかもしれない。フォートレスの提案ならそうした事態に陥らずに済む。セブン＆アイにとっては天にも昇る気持ちだった」（セブン＆アイ幹部）。

そのため「何も言われずに借金をご破算にしてもらえるのだから、フォートレス〝一択〟だったのではないか」とこの幹部は指摘する。

そごう・西武は、毎年のように銀行にシンジケートローンを組んでもらい、資金をつないでもらって生き残ってきた。百貨店という業態は、集客効果を生み出すために大規模な改装が定期的に発生し、しかもその投資を回収するまでには長期間を要する。「一定の負債が固定化するのは仕方がないという人もいるが、それは甘えだ。特に、旧そごうは民事再生法の適用を受け、旧西武百貨店も私的整理をした破綻会社で、再建時に金融機関や取引先に債権放棄をしていただいて負の遺産を処理したはず。にもかかわらずいい加減な経営を続けたことで、再び有利子負債が膨らんでしまった。今回経営責任を問われることなく、負債をチャラにしてもらえるのだから、フォートレス案を見て『これだ』と思ったに違いない」（幹部）。

ついえた「同業への売却」の夢

実はそごう・西武は、今回の入札に至る前に、同業他社への売却を試みていた。「これ以上セブン&アイの傘下にいても再建は厳しい。であれば、中国資本やディスカウントストア、家電量販店に売られるより前に、同業他社に買ってもらったほうがいいのではないか。そのほうがわれわれのビジネスも正当に評価してもらえ、高く売ることができる」（そごう・西武幹部）として、売却先を探していたのだ。

その一つが、大丸や松坂屋を傘下に持つJ・フロントだ。2019年、そごう・西武の幹部はJ・フロントを訪ねて、「うちを買ってもらえないか」と持ち掛けていた。

J・フロントは、関西圏と名古屋圏を地盤としていて関東圏は手薄だ。しかも、いち早くフロアをテナントに賃貸して家賃収入を得る不動産事業に乗り出していたほか、売れた段階で仕入れたことになる「消化仕入れ」と「買い取り」をミックスするなど、業界でも新しい試みで知られる。もしそごう・西武と一つになれば、本部機能や仕入れなどを一元化することで、関東圏の店舗網をローコストで拡大させることができる――。そう考えてもらえるのではないかとそごう・西武は踏んだのだ。

事実、J・フロントは関心を示していた。特に、J・フロント誕生の立役者として代表取締役社長、会長を歴任、現在は特別顧問を務めている実力者の奥田務が前向きな反応を示していたという。

ところがJ・フロントが検討している最中に、新型コロナが猛威を振るう。「新型コロナでJ・フロントも売り上げが激減し、買収どころではなくなってしまった。社外取締役を中心に『3000億円もの借金を抱えるそごう・西武と一緒になって大丈夫か』という声が上がるようになり、結局ご破算になってしまった」とそごう・西武幹部は明かす。

J・フロントがゴールドマン・サックスと組んで一次入札に参戦したのも、このときの〝未練〟があったからだろうか。しかし、二次入札に駒を進めることはできなかった。

H2Oとも交渉決裂の過去

そごう・西武が百貨店への売却を模索したのは、これが初めてではない。セブン&アイは2016年、阪急百貨店や阪神百貨店を傘下に持つエイチ・ツー・オーリテイリング（H2O）にそごう・西武の売却を打診したことがある。H2OもJ・フロントと同じく関西が地盤で、関東圏の大きな店舗は東京・有楽町の阪急メンズ東京しか店舗がなかったため、前向きに買収を検討してもらえると見込んだのだろう。

だが、H2Oはしたたかだった。協議を重ねる中で、「そごう・西武丸ごとはいらない。関西の店舗だけでいい」との意向を示す。H2Oは、関西エリアで他社を圧倒する「関西ドミナント化戦略」を進めている最中だった。神戸地区のさらなる強化を狙って、そごう神戸店に目を付けたのだ。そごう神戸店は、神戸屈指のターミナル駅である三宮駅と直結しており、そごう・西武の中でも優良店だった。

そこでセブン&アイは、そごう神戸店と、やはり神戸市にあったそごう西神店、そして西武高槻店（大阪・高槻市）の3店の売却を打診し、H2Oも合意していた。

ところが、途中で「そごう西神店を除いた2店のみの買収でいい」と言い出したのだ。

2店の買収について説明する会見で、H2Oの荒木直也社長は「セブン&アイとのさまざまな交渉の中で合意に達しなかった。それ以上でもそれ以下でもなく、そごう西神店の立て直しが難しいとかそういった問題ではない」とした。ただ、当時を知るセブン&アイの幹部は「そごう西神店は店舗面積も小さく苦戦していたため、セブン&アイとしてはまとめて引き取ってもらいたかった。一方のH2Oはいい店が欲しかっただけ。H2Oに足下を見られたのだ」と話す。

そごう・西武にとって、同業である百貨店に会社ごと買ってもらえればどんなによかっただろう。〝共通言語〟で話せ、百貨店特有の事情についても理解してもらえる。しかし、多額の有利子負債を抱えるそごう・西武にはそれだけの魅力がなかった。

「出来レースだったのでは」との不信感

こうした経緯を経て、最終的に実施された一連の入札については、「出来レースだった」という指摘もある。

前にも触れたように、フォートレスの提案は、池袋西武やそごう千葉店、渋谷西武の土地や建物の一部をそのままヨドバシHDに売却するスキームだ。これなら、店舗の細かい情報やエンジニアリングレポートに関する情報などをわざわざ提供する必要はない。

しかも、フォートレスの代表はモルガン・スタンレー証券出身、マネージングディレクター（現そごう・西武社長）も三菱ＵＦＪモルガン・スタンレー証券出身で、今回のディールでセブン＆アイのＦＡを務めていたＭＵＭＳＳと極めて関係が近い。

こうした〝状況証拠〟から、複数の投資ファンドの幹部は「当初からフォートレスの提案に乗る気だったんだろう」と憤る。「それなら、情報をわざとギリギリに出したのも納得できる。最初からフォートレスありきの〝出来レース〟だったのではないかと疑わざるをえない」（ある投資ファンドの幹部）。これこそが、入札参加者たちが当初から抱いていた不信感の正体だった。

フォートレスへの優先交渉権を付与してから４カ月余りが経過した11月11日、セブン＆アイの取締役会は、そごう・西武の全株式をフォートレスに譲渡することを決議して契約を締結、リリースを発表した。

リリースには、フォートレスを選んだ理由についてこう書いてある。やや長くなるが引用しよう。

本当にベストパートナーだったのか

「世界最大級の不動産投資ファンド運用会社であるフォートレスが有する不動産事業ノウハウ、企業再生ノウハウ及び資金力を活用することが、そごう・西武の百貨店事業の収益性の改善とともにそごう・西武が有する不動産の価値最大化を通じたそごう・西武の成長性及び効率性の向上に資するものと判断しました。また当社は、そごう・西武のベストオーナーの検討に当たり、従業員の雇用が維持されるかという観点も非常に重視しており、フォートレスはその観点にかなうと判断しましたので、このたび、本件譲渡を実施することといたしました」

リリースではヨドバシHDについても触れており、「フォートレスは、本件譲渡に際して、株式会社ヨドバシホールディングスをビジネスパートナーとして、そごう・西武の企業価値の最大化に努めるとのことです。具体的には、フォートレスは百貨店事業の収益性の向上のため、現在そごう・西武が推し進めるテナント構成や商品構成の最適化、事業運営の効率化やコスト削減などの事業戦略に賛同しており、今後、本件譲渡後の具体的な百貨店事業の事業運営方針についてそごう・西武と協議を行い、収益構造の最適化や不動産の有効活用を通じて、そごう・西武の潜在的価値を最大限に引き出し、事業基盤を更に飛躍させる意向を有しております」としていた。

要は、そごう・西武の成長や雇用維持の観点から、フォートレスがベストパートナーだと結論付けたというわけだ。

たしかにセブン&アイにとってはベストパートナーだったかもしれない。しかし、そごう・西武をはじめ、労組や豊島区、西武HDなどのステークホルダーにとってはどうだったのだろうか。詳しくは次章で見ていこう。

業界地図を塗り替える可能性

ところで、ヨドバシHDが、池袋西武にここまでこだわったのはなぜか。

池袋は都内有数の家電激戦区であり、特にビックカメラグループ（ソフマップを含む）にとっては、駅の東西に本店を含めた6店舗を構える本拠地となっている。ヤマダデンキも2009年、旧三越池袋店の跡地に、家具や生活雑貨まで扱う「ヤマダデンキ LABI1 LIFE SELECT池袋」を出店している。

しかし業界3位のヨドバシカメラだけは、これまで池袋進出の機会を逃してきた。池袋

年間約1000億円を売り上げるといわれる巨艦店「マルチメディア Akiba」（撮影：尾形文繁）

西武への出店がかなえば池袋駅直結という最高の立地が手に入り、ビックカメラの牙城を切り崩すことができる。

業界関係者によると、巨艦店の「マルチメディアＡｋｉｂａ」や「マルチメディア梅田」の店舗売上高は年間１０００億円程度、大型店の「マルチメディア横浜」は５００億円程度だという。

現在、やはり西武百貨店札幌店跡地に建設中の札幌に加え、池袋西武にも出店できたとすると、２０２２年３月期に７５３０億円だったヨドバシカメラの売上高は１兆円近くに跳ね上がる可能性が高い。そうすれば業界２位のビックカメラ（２０２３年８月期売上高８１５５億円）をしのぎ、業界首位のヤマダＨＤ（２０

図表2-1　ISPで客を取り込む

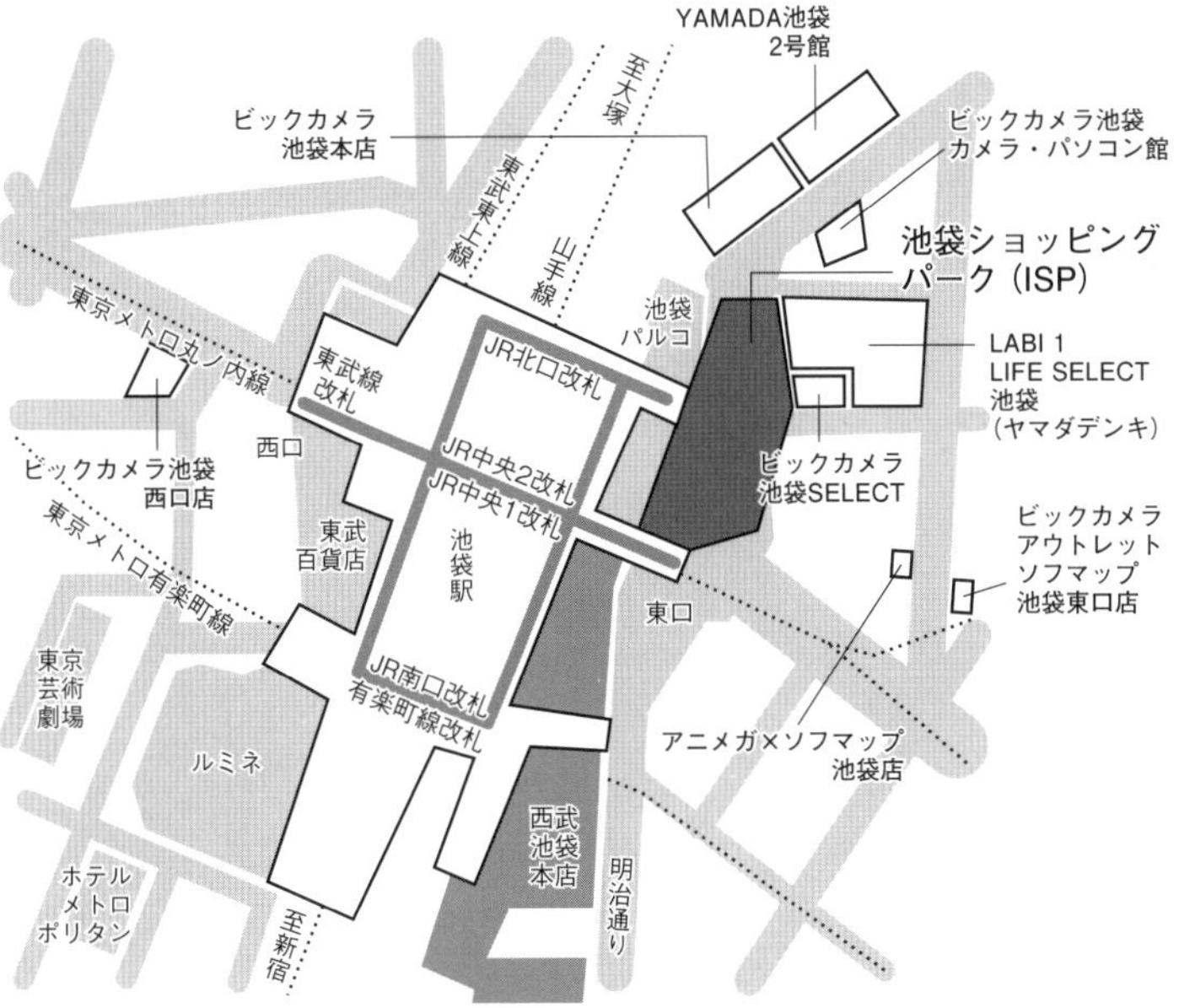

２４年３月期売上高１兆５９２０億円）の背中も見えてくる。

つまり池袋西武への出店は、池袋駅前の家電地図だけでなく、家電量販店の業界地図をも変えてしまうインパクトがある。それだけに、ヨドバシＨＤにしてみれば喉から手が出るほど欲しい案件だったと言えるのだ。

ヤマダとビックの客を「通せんぼ」できる

さらにもう一つ、ヨドバシＨＤには大きな狙いがあった。それは、そごう・西武の子会社である池袋ショッピングパーク（ＩＳＰ）だ。

ＩＳＰは、ＪＲ池袋駅東口の地下に６０００㎡を超える駐車場や、地下通路沿いの４０００㎡程度の敷地に約60店のテナントを展開するショッピングセンターを有する。

ＩＳＰが店舗展開する地下通路は、池袋西武からヤマダデンキまで延びており、ビックカメラの各店舗にも近い。もしヨドバシＨＤがＩＳＰを手に入れてヨドバシカメラを出店させれば、それまで地下通路を通ってヤマダデンキやビックカメラに向かっていた顧客を、その手前で奪うことができるのだ。

ヨドバシＨＤは２０２３年9月13日、そごう・西武の買収によってＩＳＰも傘下に入れたフォートレスから全株式の譲渡を受け、ＩＳＰを手中に収めた。社長を含む取締役についてもヨドバシ出身者に交代した。

こうしたヨドバシＨＤの動きについて、流通業界の関係者はこう話す。

「当初、ヨドバシＨＤは池袋西武の6割程度を求めていたが、途中から半分程度に譲歩したと聞き『なぜだろう』と思っていた。その背景にそごう・西武とＩＳＰの〝セット売却〟があったのだとわかったとき、ヨドバシはさすがだなと感心させられた。今後は地上の店舗だけでなく、地下でも池袋家電戦争が勃発する可能性が高い」

実は、今回の売却ではもう一つ、注目されていたものがあった。セブン＆アイ傘下の生活雑貨専門店「ロフト」の行方だ。というのも、セブン＆アイが「ロフト」も売却すれば、ライバルであるイオンの手に渡ることもありえたからだ。

「ロフトは唯一、売却益が出そうな有望企業だ。フォートレスがエグジットの一環として売却する可能性が高い。セブン＆アイとしては、今後イトーヨーカ堂などでもテナント展開できるし、何よりライバルであるイオンの手に渡るのだけは怖い。そこで、セブン＆アイの手元に残した」（セブン＆アイの幹部）。

いずれにせよ、そごう・西武売却は、フォートレスへの株式譲渡契約の締結によって終了したものだと思われていた。ところがこのあと、事態はさらに混迷を深めていくことになる。

第3章　売却延期の〝犯人〟

紆余曲折のあった入札の末、フォートレスへの株式譲渡契約が締結された。

だがその後も一向に譲渡が実行されないばかりか、譲渡そのものが「無期限延期」になってしまう。

前代未聞の事態。原因を作った〝犯人〟は誰なのか。

契約実行を無期限延期

「抵抗するなら（そごう・西武の林拓二）社長をさっさと交代させるしかないんじゃないか！」

２０２３年2月、フォートレス日本法人代表の山下明男は、千代田区二番町のセブン＆アイ本社を訪れた。

山下は、セブン＆アイが一向に契約を実行しないことについて激怒していた。この日もセブン＆アイ社長の井阪隆一を前にしてこんな怒鳴り声を上げていたのを聞いたと明かすセブン＆アイ関係者が複数いる。

２０２２年11月11日、セブン＆アイはそごう・西武の全株式をフォートレスに売却する契約を締結。「所定の条件を満たしたうえで本件株式を譲受会社（フォートレス）に譲渡する」とし、実行日を翌２０２３年2月1日に設定していた。

ところが、実行日が翌月頭に迫った1月24日になって、「必要な所定の条件の充足に向けて交渉を継続しており、本件譲渡の実行が遅れる可能性が高まりました」として、セブン＆アイは期限を3月中に延期したのだ。

井阪をはじめ、そごう・西武の売却全般を仕切っていた責任者らは、怒る山下に対して「解決しますから大丈夫です」と繰り返すばかり。セブン&アイ関係者は、「山下さんが怒るのも無理はない」とあきれ顔を浮かべていたという。

しかし、その後「3月中」という期限さえ守ることができそうにないとわかると、さすがに井阪ら幹部は慌てて対処方法を検討し始める。そこで出たのが、①もう1カ月延ばして4月まで延期する、②株主総会前の5月まで延期する、③期限を定めない無期限延期とする、の3案だった。

事情に詳しい関係者によれば、最終的に井阪は「繰り返し延期するのは印象が悪い」との理由から、③の無期限案を選択したという。

セブン&アイは、延期した期限ギリギリの3月30日になって、「譲渡が完了した際に速やかにお知らせいたします」という前代未聞のリリースを発表する。

このような事態になったのは、契約にも書かれた「所定の条件」に原因があった。フォートレスへの売却に際しては、そごう・西武労組、地権者である西武HD、そして地元自治体である豊島区という3者の承諾を得ることが条件とされていたのだ。

ヨドバシが「半分以上をよこせ」

　これまで見てきたとおり、フォートレスと手を組んでいたヨドバシHDは約3000億円の資金を拠出して、フォートレスから池袋西武や渋谷西武、そごう千葉店などの一部の不動産を取得、そのうえでヨドバシカメラを出店する意向を持っていた。

　そのためそごう・西武の株式譲渡契約を結んで以降、表舞台にこそ出ないものの、水面下ではフォートレスに対し買収する不動産に関する要望を突き付けていた。

　当初ヨドバシHDは、池袋西武の中でも最も好立地である本館北エリアの地下1階から地上6階に入居したいと要求していた。それが徐々に中央エリアや別館にまで拡大し、「全体の5～6割を求めている」といわれていた。

　だが、そごう・西武としては百貨店の〝顔〟である1階を含めた半分以上のフロアがヨドバシの店舗になるのは受け入れがたい。特に北エリアはJRや西武鉄道などの改札と直結し、正面玄関もあってまさにドル箱とも言うべきゾーンだ。

　しかも北エリアの1～2階には、百貨店各社がひれ伏すモエ　ヘネシー・ルイ　ヴィトン（LVMH）グループの代表格であるルイ・ヴィトンが、改装を終えて2022年10月にリニューアルオープンしたばかりだ。ヨドバシカメラと隣り合わせになったり、縮小したり、あるいは場所を移動したりすることになれば、巨額の費用を要求される可能性がある。最悪の場合、池袋西武だけでなくそごう・西武全店からの撤退という事態にもなりかねない。

こうした話が漏れ伝わってくると、そごう・西武の従業員たちはいらだちを募らせる。

「われわれも売却されるのは仕方がないと思っている。しかし、正面玄関や北エリアがヨドバシになり、ラグジュアリーブランドまで撤退すれば、百貨店としての事業継続はおぼつかない。これが井阪さんの言い続けていた『そごう・西武を発展させるためのベストパートナー』なのか」（ある従業員）。

そごう・西武労組の中央委員長を務めていた寺岡泰博も、「事業継続ができなくなれば、雇用も維持されなくなる」と危機感を強めていた。労組は、ヨドバシカメラの出店計画について何ら説明を受けていなかった。セブン&アイの顧問弁護士や、FAを務めていたMUMSSなどが「インサイダー情報に当たる」などとして、セブン&アイに何も言うなと命じていたからだ。

「労使交渉で何度も（そごう・西武社長の）林さんに説明を求めていたが、売却の当事者はセブン&アイのため、林さんは何も聞かされていなかった。そのため仕方がなくセブン

&アイに説明を求めたが、無視され続けていた。したがってわれわれの主張はヨドバシカメラ進出の是非以前の話で、まずは計画の詳しい説明が欲しいというものだった」と寺岡は明かす。

豊島区長の反旗

豊島区に関しては、明確に反対の意思表示を行っていた。

当時、豊島区長を務めていた高野之夫は、セブン&アイがフォートレスと契約してから1カ月後の2022年12月14日に臨時の記者会見を開き、こうぶちまけた。

「ヨドバシカメラ参入は、池袋のさらなる家電量販店（競争の）激化につながり（中略）西武池袋本店が展開する海外ブランドショップの撤退をもたらし、長年育ててきた顧客や富裕層も離れ、今まで築き上げた文化の街の土壌が喪失してしまうのではないか」「家電量販店は低層階に入ってほしくない。絶対に、絶対に反対したい」

高野は、地権者である西武HDの会長である後藤高志に対し、池袋西武を残すよう求める嘆願書を提出したことも明らかにした。

自治体の長が記者会見まで開いて、民間企業の行動に異議を唱えるのは異例中の異例だ。

SNSなどでは「行政の越権行為ではないか」「ビックカメラに忖度したヨドバシ排除だ」など、批判や疑念の声が飛びかった。これに対し高野は、「ヨドバシカメラの出店に反対しているわけではない」とし、「ただ、われわれは池袋を文化の街にすべく努力してきた。その象徴である池袋西武を変容させてほしくないというのが本意だ」と反論、その後もひるむことなくヨドバシカメラの低層階への入居に反対し続けた。

かつての池袋は、治安が悪くて汚くて危険で怖い街と言われ、2014年には東京23区で唯一の「消滅可能性都市」に名前が挙がった。こうした事態に危機感を抱いた高野は、「国際アート・カルチャー都市」を標榜し、再開発計画を進めていた。

池袋はもともと「セゾン文化」と呼ばれる文化の発信基地だった。セゾン文化とは、かつてセゾングループの代表だった堤清二が進めた独自の文化活動だ。1970年代にはその拠点として池袋西武にセゾン美術館や多目的スタジオなどを開設し、現代アートの聖地といわれるまでに発展した。旧西武百貨店の経営危機に伴うセゾングループの消滅でそうした灯は消えてしまったが、高野はかつての文化を復活させようという思いでいた。

ミュージカルや伝統芸能を公演するホールや、アニメ、サブカルチャーを楽しめる空間など個性の異なる8つの劇場を備えた新複合商業施設「ハレザ池袋」を整備したり、ホームレスたちが集まって近寄りがたかった南池袋公園を、ファミリーなどが楽しめるよう芝

池袋駅周辺再開発に夢を抱いていた高野之夫・前豊島区長（撮影：今祥雄）

生とカフェが特徴の美しい公園にリニューアルさせたりしたのもその一環だ。

池袋駅の線路上空には、現在パルコのある東口と東武百貨店のある西口方面をつなぐ「北デッキ」と、池袋西武がある東口からホテルメトロポリタンや東京芸術劇場が立つ西口方面へ抜ける「南デッキ」という2本の歩道橋を整備。歩行者の回遊性をアップさせ、駅ビルばかりに人が集まり「駅袋」とやゆされる街のイメージ一新を図る構想も発表していた。

こうした最中に、再開発の核として位置付けていた池袋西武の顔がヨドバシカメラになってしまう可能性が浮上。高野の失望は想像に難くない。

高野は、2023年の年明けに新型コロ

ナに感染、その後療養していたが2月9日に肺炎のため85歳でこの世を去った。その後、4月23日の豊島区長選で当選した高際みゆきが遺志を継ぎ、低層階へのヨドバシカメラ出店に対して反対し続けた。

説明の場を求める西武ＨＤ

一方、地権者である西武ＨＤは、「ヨドバシカメラ自体に反対するわけではない」としながらも「すべてのステークホルダーが納得するよう、セブン＆アイは説明する場を設けるべき」と主張していた。

西武ＨＤの会長を務める後藤は、セブン＆アイがフォートレスと契約を結んだあと、大阪に出張した折に、ヨドバシカメラのマルチメディア梅田に立ち寄っている。わずか15分程度の滞在だったが、上のフロアから地下に至るまでざっと見て回ったという。

その際の感想について後藤はこう語っていた。「ヨドバシカメラの集客力はすごいものがあると感じた。したがって池袋西武にとって、集客力の向上という意味合いでは進出に反対するものではない。ただマルチメディア梅田では、売り場すべてをヨドバシカメラだけで埋めることができず、空いたところを小さなテナントで埋めていた。そうしたテナントは百貨店向きではなく、池袋西武ではやらないでほしい」。

後藤に近い関係者は、「過去は西武百貨店を核とするセゾングループの総帥だった堤清二と、異母弟で西武鉄道グループのオーナーだった堤義明が反目し合い、両社は仲が悪かった。だが義明のあとを継いだ後藤は、埼玉県も含めた西武鉄道の沿線住民にとって西武百貨店はなくてはならない存在だと考えている」としたうえで、「正面玄関や低層階への進出には難色を示していた。なぜなら、低層階にヨドバシカメラが入居してしまうと池袋西武の価値が低下し、ひいては西武鉄道にも影響が及んでしまうからだ。そのため高層階であれば認めようという姿勢だったようだ」と明かす。

地元・豊島区への配慮もあった。西武HDは2019年4月、池袋駅南口に大型オフィスビル「ダイヤゲート池袋」を開業した。西武池袋線をまたぐ斬新な造りで、14〜18階には西武HD、西武・プリンスホテルズワールドワイド、そして西武リアルティソリューションズの西武グループ3社が本社を構える。線路直上に設けたデッキ広場は、将来の池袋駅・東西デッキ構想に連動し、鉄道で分断された街をつなぐ要となっている。

後藤は高野から「西武さんのおかげで池袋がよくなりました」と声をかけられたといい、忘れられない思い出として周囲に誇らしげに語っている。後藤には、高野が進める池袋の街づくりに貢献したという思いが強く、「ステークホルダーに説明する場を設けてほしい」

と主張していたわけだ。

株主が代表訴訟を起こす

ただ、セブン&アイに対してはかなりの不満を持っていたようだ。よく後藤は、ダイヤゲート池袋を引き合いに出す。「地元から歓迎され、愛される施設にしなければならないと考え、まずは地元の方々をはじめとするステークホルダーの皆さんに施設概要のみならず、池袋の発展に貢献したいという考えを何度も説明させていただいた。互いに胸襟を開き、意見をしっかりと交わして理解をいただく。そうした努力は最低限必要だ」。

後藤の目には、セブン&アイがそうした「最低限の努力」を惜しんでいるかのように映ったのだろう。というのも、そごう・西武売却の入札を実施し、フォートレスへの売却を決めたあと、後藤に挨拶にさえ来ていなかったからだ。普通、地権者には、売却を決断した時点でまっさきに説明にいくところだが、井阪が後藤のもとに出向いたのは年が明けた2023年に入ってからだった。

こうした状況では、契約に書かれた「所定の条件」——そごう・西武労組、西武HD、豊島区の3者の承諾を得ることは難しい。セブン&アイが契約実行を延期せざるをえなか

セブン＆アイの株主が、取締役らを提訴。記者会見する株主側代理人の河合弘之弁護士（中央）ら（写真提供：共同通信社）

ったのは当然の帰結だが、フォートレスの山下からすればたまったものではない。

ただ、「フォートレス側にも責任があるのではないか」と指摘するセブン＆アイ関係者もいる。「ヨドバシＨＤは、あくまでもフォートレスから不動産を購入するという立場を貫いたために交渉の前面に出ないにもかかわらず、水面下ではさまざまな要求を突き付けていた。そうした要求が時間の経過とともにコロコロと変わったため、フォートレスも池袋西武のどの部分が欲しいのかといった具体案を示すことができず、ずるずると延びていってしまった」。

たしかに具体的な要求がわからなければ、池袋西武の具体的なフロア案などは策定できない。「フォートレスの山下さんは、あたかもセブン&アイだけが悪いとして責め立ててきたが、自分たちのことを棚に上げて責任を押しつけてくるのはおかしいと感じていた」(セブン&アイ幹部)。

2社の思惑がすれ違う中、株主からも火の手が上がる。2023年2月、セブン&アイの株主が取締役を相手取り、売却の差し止めを求める仮処分を申し立てたのだ。理由は、「そごう・西武の株式譲渡を決めたセブン&アイの取締役が、善良な管理者の注意義務(善管注意義務)を果たしていない」というものだった。

東京地裁は訴えを却下したものの、株主はこれを不服として東京高裁に即時抗告。5月には、井阪ら取締役14人に対し約1511億円を会社に賠償するよう求める株主代表訴訟まで東京地裁に起こした。

契約無期限延期、裁判沙汰……前代未聞の事態に、市場関係者からは「ここまできたらディールを一度取りやめ、仕切り直すべきではないか」との声も上がり始めた。だがそうなれば、アクティビストへ顔向けすることができないばかりか、フォートレスに多額の違約金まで支払わなければならない。セブン&アイに仕切り直しの選択はなかった。

「コンビニの棚ではない」

ここで、フォートレスへの売却契約を結んだ直後まで時計の針を戻そう。

2022年12月、セブン&アイ社長の井阪は、クレジット会社大手、クレディセゾンの会長を務めていた林野宏のもとを訪れていた。そごう・西武売却に伴う提携カードの扱いについて説明するためだ。

その際、井阪の説明もそこそこに林野が怒りをぶちまけたという情報が関係者の間を駆け巡った。

「あなたに池袋西武の何がわかる。売り場はコンビニの棚のように簡単には動かせないんだよ！」

ちょうどこの頃、池袋西武の半分余りのフロアにヨドバシカメラが出店、ラグジュアリーブランドをはじめとするテナントの移動や撤退などが取りざたされていた。林野は旧西武百貨店出身。クレディセゾンに転籍してからも自他ともに認める〝百貨店愛〟の固まりのような男だ。そんな林野の目には、井阪が池袋西武について真剣に考えていないように映ったようだ。

火が付いてしまった林野の怒りは収まらず、井阪は早々に追い返されてしまう。林野本人は広報を通じて「そうしたことは言っていない」と言っているが、井阪は周囲に「人生最大の屈辱を受けた」と怒りをぶつけている。

それでなくても井阪は社内で「なぜヨドバシカメラの横にルイ・ヴィトンがあってはいけないんだ」「池袋が半分になっても、千葉や横浜があるからいいじゃないか」などと発言し、そごう・西武の従業員からひんしゅくを買っていた。

ラグジュアリーブランドは、百貨店のイメージ向上効果はもちろん、集客効果も抜群で、百貨店にとっての最重要テナントにほかならない。「出店場所や売り場面積をはじめ、商品や店舗戦略などブランド側の要求をほぼすべて丸のみする」（大手百貨店幹部）ほどのVIP待遇だ。ブランドの持つ世界観やイメージは最優先されるべきものであって、高級ブランドの並行輸入品を取り扱うヨドバシカメラと隣接するなど「常識からしてありえない」（そごう・西武幹部）。

池袋西武は、伊勢丹新宿店、阪急うめだ本店に次いで売上高で国内3位の巨艦店だ。各ブランドやアパレルメーカーも、池袋西武があるからこそ、ほかのそごう・西武店舗に出店してくれたり、人気商品を納入してくれたりしている。

コンビニ一筋だった井阪

そうした役割を担っている池袋西武のフロアが半分になり、売り上げが大きく減ってしまえば、「ブランドやアパレルは店舗から撤退していき、他店も支えられなくなってしまう。そうすれば、そごう・西武全体がやっていけなくなる可能性が高い」（同）。こうした事情も理解せずに、まるでコンビニの棚を右から左に動かすかのような安易な発言は、「それでも日本の流通企業を代表する11兆円企業の社長なのか」と、そごう・西武の従業員をあきれさせていた。

だがそれも仕方がない面はある。というのも井阪は、大学卒業後の1980年にセブン‐イレブン・ジャパン（以下セブン‐イレブン）の第1期生として入社した生え抜きだ。それ以降、商品本部食品部シニアマーチャンダイザー、取締役商品本部食品部長、取締役執行役員商品本部食品部長、取締役常務執行役員商品本部食品部長を経て2009年にセブン‐イレブンの社長となった。2016年には、セブン&アイ会長だった鈴木敏文（当時）をクーデターで追い出す形でセブン&アイの社長に就任した。

つまりコンビニ一筋で来た男が、突然小売のコングロマリット企業のトップに就いたわけで、「コンビニ以外の事業には精通しておらず疎かった」（セブン&アイ幹部）。そのため、どうしてもコンビニの常識でものを考えがちだと周囲は評する。

井阪をよく知るセブン&アイ幹部は言う。

「コンビニの商品については誰よりも詳しく絶対的な自信を持っているため、部下が失敗したり売り上げが悪かったりすると、烈火のごとく怒りまくる。すぐに怒るという意味ではコミュニケーションには少々難ありだが、根はものすごく素直な人。そのため、自分が知らない、もしくは詳しくないことに関しては、専門家や詳しい部下の言葉をそのまま信じて受け入れてしまう傾向が強い」

こうした性格が、そごう・西武売却の際に裏目に出てしまう。入札がスタートしてから揉めに揉めた最終局面に至るまでの間、井阪は金融戦略室長としてそごう・西武の売却全般を仕切っていた小林強（現常務執行役員）に任せきりにしてしまったのだ。

7Payで失敗した人物を重用

小林は、1981年に日本長期信用銀行（現SBI新生銀行）に入行、2000年に日本興業銀行（現みずほ銀行）に転じたあと、当時セブン‐イレブンの専務取締役で財務本部長を務めていた氏家忠彦から誘われて２００４年にセブン‐イレブンに入社した。

入社後は主に財務畑を歩き、親会社のセブン＆アイでも取締役執行役員として経営企画部や海外企画部のシニアオフィサー、オムニチャネル推進室長などを務めた。その後、セブン＆アイの本体から出て、セブン・フィナンシャルサービス、セブン・カードサービス、セブンＣＳカードサービスといったセブン＆アイの金融会社各社で取締役を務めたあと、２０１８年６月には株式会社セブン・ペイの代表取締役社長に就任する。

子会社とはいえ社長にまで上り詰めた小林だったが、ここで大きくつまずく。２０１９年７月１日にスタートした決済サービス「７Ｐａｙ（セブンペイ）」の不正利用が、開始直後から相次いで発覚したのだ。ＳＮＳ上で被害が相次いで報告され、サービス開始からわずか３日後の７月４日にはすべての入金手続きをストップせざるをえなくなり、３カ月後の９月末にサービス廃止に追い込まれた。

原因は、セブン‐イレブン店舗での受け入れやすさを優先させるため、２段階認証やパスワード変更の通知機能が導入されていないなど、セキュリティに大きな問題を抱えていたことにあった。

小林にとって特に痛かったのは、その謝罪会見での出来事だ。記者から「ユーザー登録時に２段階認証をしているサービスがほとんどなのに、なぜ７Ｐａｙはやっていないの

7Pay を披露するセブン－イレブン・ジャパンの永松文彦社長（撮影：尾形文繁）

か」と、いたって素朴な質問を投げかけられたにもかかわらず、「2段階認証……」と言葉に詰まってしまったのだ。

慌てて、「7Ｐａｙはセブン‐イレブンアプリと連携しているので、2段階うんぬんという同じ土俵と比べられるのか、私自身は認識しておりません」とわけのわからない言い訳をしてしまい、「うんぬんって何だ」「社長なのに2段階認証さえ知らないのか」とＳＮＳで大炎上してしまったのだ。小林は10月10日付けで退任、井阪も月額報酬を3カ月間30％自主返上すると発表した。

ところがだ。「これでキャリアは

終わった」（セブン&アイ幹部）と思われていた小林を井阪はセブン&アイの執行役員金融戦略室長に抜てきしたのだ。

汚名返上のチャンス

「小林さんが抜てきされた2022年3月は、ちょうどそごう・西武の売却案件を決断し、入札をスタートさせた頃。銀行出身で金融に強いとされ、かつ副社長を務めていた後藤（克弘）さんからの強い推しもあった小林を引き上げてディールを任せた」とセブン&アイ幹部は明かす。

小林は、銀行時代にM&Aの本場である米国ニューヨーク支店に在籍していたことから、2004年に入社したときも「M&Aに精通している」という触れ込みだったという。しかし金融業界関係者は、「M&Aの世界で小林さんの名前を聞いたことがない」と口を揃える。

また投資ファンド幹部は、「修羅場をくぐっている投資ファンドを相手に、金額や条件面で丁々発止で闘うといった経験が乏しい。だからあれだけそごう・西武が反対していたにもかかわらず、フォートレスからの要求を押し返すことなく丸のみしたのではないか」

と指摘する。

小林については、「上昇志向の強い人だ」という周囲の評もある。金融戦略室長への抜てきは、7Payの汚名返上を図るまたとないチャンス。そごう・西武のディールで成功を収められればさらに上を目指すことができる――。小林がそう考えたとしても不思議ではない。

「英文なので読めないと思います」

小林が金融戦略室長になって半年超が過ぎた2022年10月26日、セブン&アイの本社では、井阪以下セブン&アイの幹部と社外取締役が出席し、取締役会で話し合う議題について事前に調整する「意見交換会」が開かれていた。

この日の主題は、11月11日にも開催が予定されていた取締役会において、優先交渉権を与えていたフォートレスとの間で最終的な契約を締結していいかどうか。出席者たちは真剣な表情で臨んでいたという。

ところが、事情に詳しい複数の関係者によれば、「その場に居合わせた人から、驚くべき会話が繰り広げられたと聞いた」と明かす。きっかけは、社外取締役の次の一言だった。

「最終的な契約の文書を確認したいので、見せてもらえないか」

社外取締役にしてみれば、契約内容を自分の目で確認したいと思うのは当然だ。もっといえば、そうしたことを怠ると取締役として善管注意義務違反に問われ、あとあと株主代表訴訟の対象にもなりかねない。

それに対する小林の返事に、出席者はあぜんとさせられたという。

「契約書は英文ですから読めないと思います」

セブン&アイの社外取締役は海外経験も豊富な経済人や弁護士たちばかりだ。この社外取締役はムッとしながら「私は英語ができるから読める。今すぐ契約書を見せてほしい」と迫った。それでも小林は食い下がり、「30~40ページもあるので読むのには時間がかかります。私の説明を信じていただければ大丈夫です」と言い放ったというのだ。

そもそもこの日の意見交換会は、冒頭から荒れに荒れていた。契約実行の期限を2回にわたり延期するなど交渉が行き詰まっていたことに対し、一部の社外取締役たちはセブン&アイの経営陣に不信感を抱いていた。そうした雰囲気を察知したのか、小林は冒頭でこう述べたという。

「社外取締役の皆さんがご心配なさっていた懸案事項はほとんどクリアになりました。11月10日の取締役会で承認が得られればその日のうちに契約を結んで適時開示し、(202

3年2月の）決算までにクロージングしたいと思います」

この発言に対して、複数の社外取締役から「ちょっと待ってほしい」と物言いが入る。クリアになったどころか、交渉の詳細についてほとんど知らされていなかったからだ。小林の発言は「つべこべ言わず取締役会で同意しろと迫られたのも同然で、社外取締役を軽視した説明だった」（セブン&アイ関係者）と受け止められた。

社外取締役に対して〝虚偽の説明〟か

ここから意見交換会は紛糾する。「英文なので読めない」の一幕もそうだ。ほかにも、社外取締役からは「ヨドバシカメラが店舗の半分以上を占めることになるが、百貨店事業は本当に大丈夫なのか」「そもそもフォートレスの提案に具体的な再建の絵はあるのか」など、質問が相次いだ。しかし小林は、木で鼻をくくったように「大丈夫です」と繰り返すばかり。

ついには次のような話まで飛び出したという。

「（地権者である）西武ＨＤの承諾は得られているのか」と聞かれた小林は、「保留になっていた部分はあるが、ご理解いただきたい」と答えたのだ。

しかし、この段階ではまだ承諾など得られていなかった。

それだけではない。今度は「労組への対応はしっかりしているのか」と問われると、小林は「ちゃんと説明している」と答えた。まだ労組に対して具体的な説明を行っていないにもかかわらずだ。

実際には、「ベストオーナーを探している」とはぐらかすばかりの井阪や小林にしびれを切らした労組は、実力行使に出ていた。9月30日に「誰のためのベストオーナーなのか」「雇用維持とその前提となる事業継続は一過性ではなく、先々まで見据えて議論することを要望する」などと記した意見書を、セブン&アイの社外取締役や監査役に対して直接送付していたのだ。

社外取締役は意見書を読み、経緯を知っていたため質問したのだった。にもかかわらず「ちゃんと説明している」と答えた小林は、〝虚偽の説明〟をしたといわれても仕方ないのではないか。

ただ、小林や井阪にはどうしても急がなければならない事情があった。11月にも取締役会決議を経てフォートレスとの間で株式譲渡契約を締結しなければ、決算期末である2023年2月末に間に合わなかったからだ。

加えて、井阪はこのとき2022年3～8月期決算の発表を受けて海外投資家を回っている最中だった。「不採算事業の売却を求める海外投資家に、そごう・西武の売却はまとまったと説明したがっていた。そんな井阪に忖度し、小林は契約を急ぎたかったのではないか」（セブン＆アイ関係者）。そして何より「7Ｐａｙで失敗した小林さんは、何が何でもそごう・西武の売却を成功させたかったのだろう」。複数の幹部たちはそう口を揃える。

社外取締役たちも、「大丈夫」「ちゃんとやっている」と言われれば、その言葉を信じるほかない。そのため11月11日の取締役会ではたいした質問も出ず、フォートレスに対してそごう・西武の株式を譲渡する契約は、賛成多数ですんなり決議されたという。

「不動産取引とでも思っていたのか」

フォートレスとの契約締結以降も、なぜか井阪や小林は労組や西武ＨＤとの協議を始めようとはしなかった。契約の実行を延期したことに腹を立てたフォートレスの山下から怒りをぶつけられても、「解決します。大丈夫です」と繰り返すばかり。労組や西武ＨＤから「協議を」と投げかけられても無視を決め込んだ。

「小林さんは、契約を締結してしまえば、労組や西武ＨＤ、豊島区もあきらめるだろうと踏んでいた節がある。百貨店のディールなのだということを、小林さんは本当に理解していたのだろうか」と、セブン&アイの関係者たちは指摘する。

たとえば不動産のディールなら、売り手と買い手という1対1の相対で行われる。しかし百貨店――こと、そごう・西武のディールでは、セブン&アイ、フォートレス、そごう・西武といった当事者に加えて、ブランドやアパレルといった取引先や地権者、買い物をする顧客、地元自治体に至るまで、とにかくステークホルダーが多い。しかも、それぞれの利害が複雑に絡んでいる。合意形成には丁寧のうえにも丁寧な努力が必要となる。にもかかわらず、あたかも不動産取引のように考えて、手間を惜しんでしまったのではないかとセブン&アイ関係者は見ている。

西武HD幹部も、「契約の締結や実行を急ぐが余り、丁寧な説明をないがしろにしてしまった。途中でそう気付いたなら軌道修正すればいいものを、小林さんは最後まで突っ走ってしまった」と語る。

小林の名誉のために付け加えると、本書でも何度か出てきているセブン&アイのFAであるMUMSSに対しても、多くの不満が寄せられている。

入札に参加した投資ファンドの幹部は、「MUMSSは最も大きな金額を提示したフォートレスを勝たせようとしているのではないかと疑いたくなるような振る舞いをしていた。FAの報酬は落札額に応じたフィーで支払われるため、金額が大きいほうが実入りもいいからだ」と苦い表情を浮かべながら語る。

ＦＡは資産査定や買収価格の算定などはもちろん、交渉に関するさまざまなことをアドバイスする、ディールの〝仕切り屋〟だ。入札や契約の実行を滞りなく進めるのもＦＡの仕事だが、「ＭＵＭＳＳは最初から手際が悪かった」（前出の幹部）との声が多い。

もちろん、小林やＭＵＭＳＳに任せきりだった井阪の責任も大きい。

けん制機能を果たさなかった社外取締役

さらに言うなら、セブン＆アイの社外取締役たちにも責任の一端はある。取締役会などで井阪や小林が「大丈夫です」と言っていたとしても、実際は延長を繰り返すなどスムーズに進んでいなかったのは誰が見ても明らかだった。紛糾した10月26日の意見交換会はともかく、けん制機能を果たせるシーンはもっとあったはずだ。

セブン＆アイの社外取締役には、ガバナンスの大家も名を連ねていた。一橋大学名誉教授の伊藤邦雄だ。２０１４年から社外取締役を務める最古参の一人で、経済産業省の「伊藤レポート」でも有名な人物。伊藤がセブン＆アイ関連で一躍脚光を浴びたのは、２０１６年に井阪が元会長の鈴木敏文を退任に追い込んだいわゆる「井阪の乱」だ。

簡単に振り返っておこう。2015年、イトーヨーカ堂や百貨店の売り上げ不振に陥っていたセブン&アイは、投資ファンドでアクティビストとしても知られる米サード・ポイントから、イトーヨーカ堂の不採算店舗の閉鎖要求などを突き付けられていた。

サード・ポイントは、1995年にダニエル・ローブによって設立された投資ファンドで、2013年にソニーの株式を取得すると、将来的に成長が期待できる映画・娯楽部門を分離して上場するよう要求するなど、〝こわもて〟で知られる。ソニーのあとも、IHI、ファナック、ソフトバンク、スズキなどの株をつぎつぎに取得しては、要求を突き付けていた。

これを受けてセブン&アイは、そごう柏店と西武旭川店の2店舗と、イトーヨーカ堂の不採算店20店舗の閉鎖を柱にした構造改革を発表したが、サード・ポイント側は不十分だと見ていた。

そうしたタイミングで、セブン&アイをコンビニ、総合スーパー、百貨店まで抱えた日本最大の流通大手企業に育て上げ〝カリスマ経営者〟といわれていた鈴木が、当時セブン-イレブンの社長だった井阪を解任するとの観測が流れる。これに対しサード・ポイントはセブン&アイの取締役宛てに書簡を送り、「鈴木会長が子息の鈴木康弘氏を将来のセブン-イレブン社長、セブン&アイのトップに就ける道筋を開くという噂も聞いている。真

いわゆる「井阪の乱」で引退に追い込まれた鈴木敏文（撮影：大野和幸）

実ならトップとしての判断力に重大な疑問が生じる」などと批判した。
セブン&アイは指名・報酬委員会を設置し、セブン&アイや傘下の企業のトップ人事を議論することにした。しかし、委員会委員の鈴木は、井阪の解任と、後任に当時副社長を務めていた古屋一樹を昇格させる人事案を委員会に提出する。
追い込まれた井阪は、伊藤（邦雄）に対して創業家である伊藤家との橋渡しを依頼する。創業者・伊藤雅俊の力を借りて巻き返しを図ったのだ。結果、鈴木が提出した人事案は否決されて鈴木はセブン&アイを去り、代わりに井阪がセブン&アイの社長に就任した。
こうした経緯もあり、「井阪さんにとっ

て伊藤（邦雄）さんは頭が上がらない存在。それをいいことに、ガバナンスの大家としてアクティビスト対応も引き受けるなど、伊藤さんはまるで経営陣のように振る舞っていた」（セブン＆アイ幹部）。そんな伊藤に井阪は「筆頭独立社外取締役」の肩書を与えて、そうした振る舞いを許してきた。その結果、そごう・西武の入札に関しても十分なチェック機能を果たすことができなかったといえる。

伊藤の処遇については、社内外から問題視する声も出始めていた。すると、伊藤は2023年4月に突如、社外取締役を退任する。公式には「在任期間が長くなったため」としているが、それだけが理由だと思う人はどれだけいるだろうか。

第4章　大激震のセブン&アイ

二度にわたって株式譲渡契約の実行が延期され、解決の糸口が見つからないまま迷走を続けるそごう・西武。しかしある出来事をきっかけに、セブン&アイは売却を急がざるをえなくなった。

新たなアクティビストの登場である。

役員総出で株主対策

セブン&アイ本社ビルの9階は、社長の井阪隆一や副社長の後藤克弘ら首脳が執務に当たるフロアだ。普段は静かな雰囲気に包まれているこのフロアが、2023年4月に入るとにわかに慌ただしくなった。フロアを忙しそうに行き来するのは、IR（インベスター・リレーションズ）の担当者たちだ。

セブン&アイは3月下旬、4・4%の株式を保有していたアクティビスト（物言う株主）の米国投資ファンド、バリューアクト・キャピタル・マネジメント（バリューアクト）から株主提案を受けた。その中身は、5月25日に開催される定時株主総会で、井阪ら取締役4人の退任と、それに代わる新たな取締役4人の選任を諮れというものだった。

これに対し、セブン&アイの取締役会が全会一致で反対を決議したため、プロキシーファイト（委任状争奪戦）が幕を開けたのだ。そのため井阪をはじめとする役員や担当者は総出で、機関投資家に対し「弊社の主張を説明させていただきたい」「株主総会で会社提案に賛成票を投じてもらいたい」と説得に追われていたのだ。

バリューアクトは、その後も攻撃の手を緩めない。セブン&アイの株主に対し株主提案への賛同を求めるレターを送付したほか、セブン＆アイに対しては井阪や取締役会の責任を問う9項目にわたる質問状を送りつけるなど、激しく揺さぶりをかけてきた。

〝優しい〟アクティビスト

バリューアクトは2000年にジェフリー・アッベンが創業、サンフランシスコに本拠を置き、米国を代表するアクティビストだ。マイクロソフトやロールス・ロイスなどの経営改革に一役買ったことでも知られる。

米国証券取引委員会（SEC）への提出書類によると、運用総額は150億ドル（約1兆6000億円）。日本では2018年のオリンパスを皮切りに投資を始め、現在はJSRや任天堂などの主要株主に名を連ねている。

そもそもバリューアクトは、サード・ポイントなどほかのアクティビストと比べて〝穏健派〟として知られていた。経営陣の合意を得たうえで取締役を派遣、内部から財務体質の改善や事業の立て直しを行いながら企業価値向上を目指すというのが基本スタンスだからだ。実際、オリンパスはバリューアクトから社外取締役を受け入れ、デジタルカメラ事業など不採算部門のリストラを進めた。JSRもバリューアクト関係者を社外取締役に選任している。

プロキシーファイトに入る2年ほど前の2021年5月12日、バリューアクトはセブン&アイの株式を3800万株以上、当時の時価で1740億円分保有していると公表した。そのうえで、4・4%を握る大株主として、セブン&アイに対して不採算事業のリストラを進め、コンビニ事業に経営資源を集中させるよう求めた。

バリューアクトのパートナーであるデイビッド・ロバート・ヘイルは声明で「セブン‐イレブンはセブン&アイにとって重要な中核事業であり、強力なグローバルブランド」と評価したうえで、「セブン‐イレブンのフランチャイズビジネスに注力すれば、さらに企業価値は高まる」と述べた。投資家向けレターの中でも、セブン&アイの企業価値向上策について言及。イトーヨーカ堂をはじめとする不採算で低収益の事業に関するリストラを進めてセブン‐イレブンに経営資源を集中させるか、セブン‐イレブン事業をスピンオフ（分離・独立）させれば、時価総額は足下の2倍以上になると主張した。

これに対しセブン&アイは、米国コンビニのスピードウェイの買収を終えた7月1日、中期経営計画（中計）を発表するという形でバリューアクトへ回答した。

中計の骨子は、2024年2月期までに国内事業の構造改革を完遂し、デジタルトランスフォーメーション（DX）や金融事業などへの投資を進めるというもので、それによって最終年度の2026年2月期にEBITDA（利払い・税引き・償却前利益）1兆円以上、ROE（自己資本利益率）10％以上、EPS（1株当たり純利益）の5年間のCAGR（年平均成長率）15％以上とする数値目標を掲げた。

温和なバリューアクトが怒った

ところがバリューアクトは、イトーヨーカ堂のスピンアウトをはじめとする改革案について「まったく検討されていない肩透かしのもので、株主対応も不十分だ」と満足しなかった。

両社は水面下で断続的に交渉を続けたが、主張は平行線をたどる。しびれを切らしたバリューアクトは、年が明けた2022年1月26日、公開質問状を公表する。

2022年2月期のセブン＆アイは過去最高益の見込みであるにもかかわらず、「戦略的集中および効率的な経営体制を欠き、パフォーマンス（株価）もポテンシャルを大幅に下回っている」とバッサリ切り捨て、二つの要望を突き付けたのだ。

第1に、セブン＆アイの社外取締役は、機関投資家へのヒアリングをすること。20～30の主要機関投資家から現経営陣に対する意見を聴くことを要望した。第2に、社外取締役からなる「戦略検討委員会」を設置すること。その場で事業部門売却などを検討したうえで4月末に提言を公表するよう求めたのだ。

公開質問状には、〝温和〟なはずのバリューアクトの強いいらだちが透けて見えた。たとえばコンビニ事業については、経営資源を集中させるなら「グローバルなチャンピオンになることも可能」だが、集中させないつもりなら「平凡または悪い結果となるリスクすら抱えている」。

イトーヨーカ堂やそごう・西武、ニッセンHDなどについては「ビジネスが不調」、かつグループ内での「シナジーも非常に限定的」で、「事業環境も困難」とばっさり切り捨てた。

セブン&アイの中計についても酷評しており、「戦略的視点が漠然としており、セブン-イレブンの海外拠点の目標値が困惑させられるほどに低く、コンビニ以外の事業からは企業価値が創出されない」と容赦なかった。

怒りの矛先はガバナンス体制にも向けられた。「持ち株会社レベルにおいて極めて異例な経営体制を有し、内部でのコンフリクトが生じ、また持ち株会社の意思決定者と重要な子会社の事業との間で驚くほど距離のある関係が生じてしまっていると考える」。

セブン&アイは、こうした質問状を受け取ってから8日後となる2月3日の取締役会での協議を経て「見解」を公表したが、二つの要望には直接の回答を避けた。

そごう・西武の売却に初めて言及

実質的な〝ゼロ回答〟を受け、バリューアクトは2月9日、さらに突っ込んだ提案書を公表する。

取締役会の過半数を社外取締役で構成するよう求めたほか、そごう・西武については「経営陣がセブン‐イレブンに集中できるよう早期に100％の売却を完了させることが最重要課題」と早期の売却を迫った。

祖業であるイトーヨーカ堂については、「セブン＆アイはテナント事業の経営者としては不適格」とし、イトーヨーカ堂を売却もしくは独立させて食品小売事業に集中、デベロッパー的な不動産管理事業などは別の会社で運営すべきだとした。そのほかロフトをはじめとする非中核事業についても、グループ内の相乗効果が薄いとして切り離しが必要だと主張した。

「ファクトに基づかない、ある種、想像に基づいた形で作られたものだ」。井阪は当初、この提案書について取り合わなかった。しかし、バリューアクトの意志が相当強いと判断したのだろう。4月7日に開催した決算発表会で「当社株主をはじめとしたステークホルダーの皆様へ向けた経営メッセージの発信について」と題したリリースを発表し、バリューアクトに向けた実質的な回答を行った。

まず、社内取締役を2人減らして6人としたうえで、社外取締役を3人増やして8人とし、過半数を社外取締役にするとした。社外取締役は3人を再任し、コスメ情報サイトなどを運営するアイスタイルの共同創業者である山田メユミや、米国出身の公認会計士で、西友の最高経営責任者（CEO）を務めたスティーブン・ヘイズ・デイカスなど5人を新任した。

そのうえで、公の場で初めてそごう・西武について「株式売却も検討するレベルに入っている」と言及したのだ。入札自体は報じられていたものの、セブン&アイが公式に認めるのはこれが初めてのことだった。

一方で、イトーヨーカ堂の切り離しについては「（中計期間中の2026年2月期までは）そういうことはない」と完全否定した。

かたくなだったセブン&アイが〝大幅譲歩〟した理由について、井阪は「中計の公表以降、数十の株主から意見を聞いた。そこでさまざまなアイデアをいただき、バリューアクトだけではなく株主の最大公約数的なものを打ち出した」と話す。

ダイエーとうり二つの再建策

ようやく「過半の社外取締役」と「そごう・西武の売却」という果実を手にしたバリューアクトは、しばらくの間鳴りを潜め、セブン&アイの譲歩に矛を収めたのかとも思われていた。

その間、セブン&アイは新体制の下、アクティビストから再び物言いが付けられないようグループ戦略について議論、半年かけて新たな中計を検討する。2021年7月に策定した中計の期限は本来2026年2月期までだったのに、それをイレギュラーな形で打ち切って、アップデートさせたわけだ。「あらゆる可能性を排除せず、スーパーストア事業をはじめとする各事業の戦略的選択肢や、抜本的なグループ事業構造改革に関する議論を実施した」(セブン&アイ)とし、3月9日に公表した。

ところが、セブン&アイが自信満々にぶち上げた新中計に、バリューアクトが再び牙をむく。これをきっかけに、両社はそれまで以上に激しい闘いへと突入していった。

バリューアクトが気に入らなかったのも無理はない。あれだけイトーヨーカ堂を切り離せと言ってきたのに、出てきた新中計は真逆で、あくまでイトーヨーカ堂の存続が前提となっていたからだ。

新中計では、イトーヨーカ堂をはじめとするスーパー事業を3年間かけて「食」と「首都圏」に集中させるとしていた。イトーヨーカ堂の全国126店舗（22年度末現在）のうち不採算店33店を閉鎖したうえで首都圏に集中させる一方、自社アパレルから撤退して「食」に集中。そのため傘下のスーパーを合併させるという内容だった。

洋品店の「羊華堂」からスタートしたイトーヨーカ堂にとって、アパレルは祖業中の祖業にほかならない。しかしもう何年も、ユニクロをはじめとする専門店やEコマース（EC）などに押され、不振を極めていた。セブン&アイにとって自社アパレルからの撤退自体は歴史的な決断でも、周囲からすれば「今さら感しかない」というところだろう。

ちなみにこの新中計は、今から20年ほど前に経営不振に陥ったダイエーが打ち出した再建策とうり二つだ。ダイエーも経営危機に陥った際、不採算店閉鎖と首都圏などへの集中、衣料品や住居関連からの撤退、そして食品の強化という3本柱を打ち出していた。しかしいずれもうまくいかず、結果としてダイエーは万策尽きて産業再生機構入りし、最終的にはイオンの傘下に入った。

流通関係者からは、「これではかつてのダイエーと同じ。言ってみれば時代遅れのタイムマシン経営だ」「半年かけて議論してもダイエーと同じ手しか思いつかなかったのか」

今後はイトーヨーカ堂の再建の方向性に注目が集まる（撮影：遠山綾乃）

と皮肉る声ばかりが聞かれた。

イトーヨーカ堂を残すための詭弁

実は、新中計を発表する1カ月前、ある人事がひそかに行われていた。

セブン&アイの常務執行役員で、それまでグループ商品本部長を務めていた石橋誠一郎を、傘下のスーパー、ヨークの会長へ異動させていたのだ。商品本部長といえば、セブン&アイの井阪もかつて務めたセブン‐イレブンの中核ポスト。そんなコンビニのプロをスーパーに異動させていたのだ。

その狙いについて、当の石橋は「セブン‐イレブンで展開する商品開発にはスーパーが必要である」としたうえで、「スーパーはコンビニと比べてアイテム数が格段に多く、さまざまな商品を開発して売れ筋を探るテストマーケティングの場として最適だ。その中で売れた商品を厳選し、セブン‐イレブンで展開する」と語っている。

つまり、「セブン‐イレブンのためにイトーヨーカ堂を利用する」（石橋）という〝セブン‐イレブンファースト〟の考えが基本で、それを実現するためにイトーヨーカ堂の人間ではなく、セブン‐イレブンを知り尽くした自分が送り込まれたというのだ。

もっともらしく聞こえるが、この話には裏がある。セブン‐イレブンはこれまでプライベートブランド（ＰＢ）をはじめとする多数の商品を独自に開発し、人気商品に育て上げてきた。わざわざイトーヨーカ堂をテストマーケティングのためにかませる必要などない。テストするなら全国2万以上あるセブン‐イレブンの店舗だけで十分可能なはずだ。

複数の流通関係者たちはこうした石橋の言葉を「イトーヨーカ堂を残すための詭弁」と捉える。「石橋さんもかわいそうに。イトーヨーカ堂を残すための方策をひねり出せと命じられ、テストマーケティング説を考えついたのだろう。そうしたら今度は『考えたのはおまえなのだから最後まで面倒を見ろ』と押しつけられたのではないか」（業界関係者）。

イトーヨーカ堂ありきの改革案を打ち出した一方で、井阪は、２０２３年4月には創業家出身で取締役の伊藤順朗に代表権を与え、スーパー事業担当に据えている。２００５年

2023年から創業家出身で取締役の伊藤順朗に代表権が与えられ、スーパー事業を任されている（撮影：今井康一）

のセブン＆アイ発足以降、創業家の出身者が代表権を持つのは初めてのことだ。

伊藤は就任直後、「イトーヨーカ堂は必要かと聞かれれば、答えは間違いなくイエスだ」と発言している。「私はやはり創業家であり、株式を保有している伊藤家の代表でもある。今回、店舗閉鎖やアパレルからの撤退など、痛みを伴う茨の道を歩まなくてはならない。そうしたとき、イトーヨーカ堂に誰よりも思い入れが強い私が、社員と一緒に痛みを分かち合いながら改革を進めることが重要だ」と語った。

バリューアクトが株主提案

セブン&アイはイトーヨーカ堂をどうしても手放さないつもりか——。腹に据えかねたバリューアクトは、中計の発表からわずか2週間後の3月23日、ついにセブン&アイに対して株主提案を行う。

5月25日にも予定されていた定時株主総会で、社長の井阪、副社長の後藤、社外取締役で指名委員会委員長の伊藤邦雄、そしてやはり社外取締役で報酬委員会委員長の米村敏朗の退任を要求。代わりに名取勝也、ディーン・ロジャーズ、ロナルド・ギル、ブリトニー・レビンソンを新たに取締役に選任し、2022年に取締役に選出された6人の独立社外取締役と4人の取締役については再任を諮れというものだ（前述したように伊藤邦雄はその後退任）。

前にも述べたが、バリューアクトは2022年にも一度、同じような要求をしている。その際は、セブン&アイが社外取締役を大幅に増員したことからいったん矛を収めた。しかし事態が一向に改善されないため、株主提案という強硬策に踏み切ったわけだ。

バリューアクトはさらにたたみかける。月が変わって4月2日には「セブン&アイの取締役会に対する株主からの質問」と題した書簡を発表する。その中には、「18年間も構造改革を進めるイトーヨーカ堂」「過去18年間で2500億円以上の特別損失を計上しています」「株主は苦痛を感じてきました」「グループ戦略再評価は失望させられるものでした」など、辛辣な文言が並んでいた。

そのうえで、「なぜセブン‐イレブンのタックスフリー・スピンオフを進めないのでしょうか」「なぜ会社全体の売却を進めないのでしょうか」といった9つの質問を列挙し、「セブン‐イレブン単体の会社になれば2023年2月の株価と比べ2024年2月期には49%、それから5年間でさらに13%株価が上昇する」との試算まで掲載した。

こうしたバリューアクトの攻勢に対し、セブン&アイの取締役会は4月18日、株主提案への反対を決議する。その理由はこうだ。2016年に井阪が社長に就任してからは、コンビニを柱に経営資源を集中する方針を打ち出して選択と集中を推進してきた。ガバナンス体制も社外取締役が過半数を占める体制にして改革に取り組んできた。その結果、過去最高益を更新して中計の目標値も上方修正するなど一定の成果も出してきた。だから、会社提案の取締役候補のほうが適正だと主張したのだ。

全面対決の様相を呈した両社は、プロキシーファイトに突入していった。

「井阪は約束を破り続けてきた」

プロキシーファイトに突入した直後、バリューアクトパートナーのデイビッド・ロバート・ヘイルは東洋経済新報社のインタビューに答えている。

「われわれはつねに長期的な視点で企業との関係を重視する投資家で、株主提案にまで踏み切るのは極めて珍しい。バリューアクトの23年の歴史の中で今回が2回目、実に17年ぶりのことだ。決して軽い気持ちで提案を行っているのではない」と前置きしたうえで、株主提案を行った理由について次のように語った。

「セブン&アイは非常に高いポテンシャルを持つ企業。だがさらなる成長には強力なリーダーシップが必要だ。井阪社長は7年間、経営トップの座にいるが、その間の実績を見てもそうした実力は不十分だ」

「実績もさることながら、リーダーシップや意思決定、説明責任に問題があると考えている。そごう・西武の売却の不手際に代表されるように、井阪社長は就任以来、自身が打ち出してきた約束を破り続けてきた。セブン&アイの従業員もそのことに気付いているようで、同社が実施したエンプロイーエンゲージメント（従業員が会社に対して抱く愛着）に

バリューアクトパートナーのデイビッド・ロバート・ヘイル

関する調査のデータによれば、従業員の仕事への熱意は極めて低い状況である」

バリューアクトは2年余り、セブン&アイの取締役会にデータ分析に基づいた何千ページにも及ぶ資料を提出してきたというが、「井阪社長には、真摯に応える態度が感じられなかった。井阪社長以外の取締役も、長年セブン&アイの取締役でありながら、自らが打ち出した改革を実行できていない。そればかりか決断を妨げてさえいる。井阪社長ら4人には退任していただき、新しい取締役にフレッシュな風を送り込んでもらうために株主提案に踏み切った」。

同じ時期に東洋経済は井阪社長へのインタビューも行っているが、コンビニ事業の分離独立については両者の意見はまったくかみ合っていなかった。
たとえに挙がったのが、セブン&アイが2007年から取り扱いを始めたPB「セブンプレミアム」だ。

「80人」は多いか、少ないか

セブンプレミアムは今や国内セブン-イレブン店舗の売り上げの4分の1を占める。PB開発チームは総勢約130人に上るが、うち約80人はスーパーなどコンビニ以外の出身だ。

井阪からすれば、セブン-イレブンで取り扱う食品をイトーヨーカ堂の社員主体で開発しているのだから、イトーヨーカ堂が必要だという話になる。「コンビニが取り扱う商品数は約2000アイテム程度。それに対してスーパーは、食品だけで1万5000アイテム以上を取り扱っている。売り場や顧客の趣向に対する知見の広さは、商品開発の幅や深さの源泉となる」(井阪)。

セブン-イレブン一期生である井阪は、初めは長時間営業で「あいててよかった」が売りだったコンビニが、ある時期から弁当やおにぎり、サンドイッチといった食品を切り札に大きく飛躍してきた歴史を誰よりも知っている。しかも近年、女性の社会進出や世帯人数の減少、高齢化など人口動態の影響で、個食や時短ニーズが高まっている。

「セブン‐イレブンでも2022年度の冷凍食品の売り上げは、スーパーで冷凍食品を買うのが当たり前だった2009年度の20倍にまで増えている。こうした変化はこれからも間違いなく続いていくし、それに対応するためのリソースは、コンビニよりもお客様の『食』の場面を知っているスーパー事業にある。コンビニ事業の分離独立は反対だ」（井阪）。

ただ、バリューアクトの見方は異なる。「開発者130人のうち約80人といっても、全グループ従業員の0・2%にすぎない。さらに言えば、セブン‐イレブンとイトーヨーカ堂の資本関係が切れたとしても、この130人が一緒に仕事ができないということにはならない」（ヘイル）。

たとえば、ヘイルが社外取締役を務めるオリンパスは、ソニーとジョイント・ベンチャー（JV）を作り、共同で手術用内視鏡技術の開発を行っている。セブン‐イレブンとイトーヨーカ堂が別の会社になったとて、協業は十分可能であり、「セブン‐イレブンと建て直しが困難なイトーヨーカ堂を同じホールディングカンパニー傘下に置く理由はない」（ヘイル）というわけだ。

議決権行使助言会社が反対推奨

両社の主張が真っ向から対立する中、注目が集まったのは株主たちの動向だ。

この時点におけるセブン&アイの株主構成は、金融機関が32・7％、金融商品取引業者が8・6％、その他法人が14・7％、外国法人が33・0％、個人とその他が11・0％となっていた。セブン&アイは金融機関や金融商品取引業者にはしっかりと根回ししていたので、4割は堅いと見られた。取引先についてもほぼ賛成に回る見通しで、それだけで過半数は超える計算となり、英国のM&A専門情報サイトは「バリューアクトの提案は、十分な賛成が得られない見通し」と題した記事を配信するなど、セブン&アイの優勢を伝えていた。

こうしたこともあり、セブン&アイには当初、安堵の雰囲気が漂っていた。ところが、ある出来事によってそんな空気は一変する。米国議決権行使助言会社インスティテューショナル・シェアホルダー・サービシーズ（ISS）が、「セブン&アイ提案の取締役選任議案について反対推奨し、バリューアクト提案の選任議案について賛成推奨する」と発表したからだ。

その理由についてＩＳＳは、井阪が社長を務めている間の株主総利回りは米国の競合をはじめ、国内でも非上場化前のファミリーマートより低かったと指摘した。そうした責任は井阪らマネジメントにあり、現在の取締役会がスピード感を持って構造改革を実行できるかに疑問が残るというものだった。

さらにダメ押しとなったのが、やはり米国議決権行使助言会社のグラスルイスが、バリューアクトが提案した取締役選任議案に賛成推奨したことだった。

プロキシーファイトにおいて、議決権行使助言会社の意見は大きな影響を及ぼす。そのため、「ＩＳＳとグラスルイスの（セブン＆アイ提案への）反対推奨によって状況が混沌としてきた。もしかしたらいい勝負、もしくはバリューアクト勝利という事態になるかもしれない」との見方を示す市場関係者は少なくなかった。

状況が混沌とし始めたことで、セブン＆アイには別の〝誤算〟も生じる。

延ばし延ばしになっていたそごう・西武の売却を、急いでやらなければならなくなったのだ。「株主総会前に売却して、実行力のあるところを見せなければ、会社提案の議案が否決されてしまう」（セブン＆アイ幹部）――。

しかしこれまで見てきたとおり、結果として売却はかなわなかった。こうした中、セブン＆アイは５月25日の定時株主総会の日を迎えた。

否決された株主提案

セブン&アイ本社で午前10時から始まった株主総会には、バリューアクトとのプロキシーファイトが注目を集めたこともあって、前年より187人多い436人の株主が参加し、マスコミ各社も駆け付けた。会場には、第三者の立場で投票や開票を監視する「検査役」も姿を見せていた。

冒頭、2023年2月期の業績概要が示されたあと、議長を務める井阪が会社提案と株主提案の概要を淡々と説明した。途中、井阪は「提案を行っている株主様、ご説明なさいますか」とバリューアクト側に発言を促したものの、その場で手を挙げる者はいなかった。

続く質疑応答では、難航するそごう・西武の売却について、井阪が「今の段階でプロジェクトを中止する考えはない」と発言したほかは、特に目立った内容はなかった。会場から上がった質問は10件で、うち5件はセブン‐イレブンを運営するオーナーからのもので、セブン&アイサイドに立った内容だった。

質疑応答も終わり、午後1時過ぎから採決が始まった。例のISSとグラスルイスの反対推奨後、「いい勝負、もしくはバリューアクト勝利もあるか」といわれていたのが一転、総会直前に機関投資家の一部が井阪支持を打ち出したこともあり、セブン＆アイの勝利はほぼ間違いないと思われていた。

そのため出席者たちの関心は、井阪をはじめとする取締役の賛成率に移っていた。

開票を終え、井阪は会社提案が可決、バリューアクトの株主提案が否決されたことを告げた。そして〝当選〟した取締役の名前を一人ひとり読み上げた。最後の13人目に「そして私、井阪隆一でございます」と自身の名前を読み上げた。

2023年５月25日に開催されたセブン＆アイの株主総会で、株主提案は否決された（撮影：冨永望）

総会後、セブン＆アイの取締役会は「勝利宣言」を発表した。

「当社株主の皆様のご支援と、本総会に至る数週間において建設的な対話ができたことに感謝いたします。多くの株主の皆様が、この1年をかけて当社が取り組んできたガバナンス体制の変革を評価してくださっており、また当社の堅調な業績の元となっているコンビニ事業に今後注力していくという当社の成長戦略をご支持いただいていることを嬉しく思います。今後も株主の皆様からのご意見にしっかりと耳を傾けてまいります」

「また、当社取締役会は価値創造に向けたあらゆる可能性を排除せず、独立社外取締役のみで構成される戦略委員会を通じて、客観的な分析・検証を継続的に実施し、事業の変革を加速させてまいりたいと考えています」

井阪の賛成比率は76・36％

セブン&アイがこう勝ち誇るほどの結果だったかと言われれば、首をかしげざるをえない。というのも井阪の賛成比率は76・36％だったからだ。

「議決権行使助言会社の反対推奨を受けて、賛成率が60％程度まで低下するかもしれないとの見方もあっただけに、まずまずの賛成率だったのではないか」と評価するセブン&アイの幹部もいる。

しかし前年は94・73％で、実に18・37ポイントも下げたことになる。それ以前もおおむね90％は超えていた。

会社提案に反対票を投じたという個人投資家は、「井阪もかなり苦しい状況に追い込まれたのではないか。イトーヨーカ堂のスピンオフは、創業家との関係からいってできないのは仕方がないとして、せめてそごう・西武の売却くらいはリーダーシップを持ってやりきってほしかった」と話した。

井阪以外の取締役の賛成比率は、会社提案だった副社長の後藤が74・89％、社外取締役の米村敏朗が64・87％、ニチガス（日本瓦斯）会長で社外取締役の和田眞治が67・92％、J－オイルミルズ顧問の八馬史尚は68・44％と、いずれも賛成多数ながら低い水準となった。一方、バリューアクト提案の社外取締役候補の4人については25～34％で否決された。

いずれにせよ、総会を乗り切ったことで自信を深めた井阪は、ようやく労組や地権者である西武HDなどとの交渉に本気で向き合うことになる。しかし、その先にも紆余曲折が待ち受けていた。

第5章

そごう・西武の大いなる「勘違い」

そごう・西武の親会社が変わるのは、フォートレスで3度目となる。

旧そごうと旧西武百貨店が経営破綻後、まず野村證券系の投資会社、次にセブン&アイの手に渡ったが、どの傘下に入っても再生することはできなかった。

その背景にあった〝勘違い〟とは。

「来年も池袋西武はあるのか」

そごう・西武の売却交渉が迷走を続けていた頃、その旗艦店である池袋西武は約10年ぶりの改装工事の真っ最中だった。ルイ・ヴィトンなど海外のラグジュアリーブランドが入居する北エリア2階の一部も、リニューアルされる予定になっていた。

しかしヨドバシカメラの出店計画が浮上したことで、工事は一時中断。仕方なく、仮設売り場をこしらえ、そこに什器を搬入して営業していた。

この頃、店頭に立つ従業員たちにも困惑が広がっていた。高級時計を購入しようとしていた顧客から「今後も池袋西武に持ってくればメンテナンスができるのか」との問い合わせを受けたり、オーダーメイドの商品を購入しようとしていた顧客から「今頼んでも、受け取るときに店は残っているのか」と聞かれたりするようになったためだ。

「お客様がそのように思われるのは当然だと思うが、われわれとしてもどうお答えしていいのかわからない」（販売員）。

百貨店の中でも限られた上得意客向けのサービスである「外商」も、危機にさらされていた。

もともと池袋西武は、都内はもちろん埼玉県などにも多くの外商客を抱え、昔から「外商に強い百貨店」（別の百貨店幹部）との評判を持つ。以前は、絵画や美術品などはもちろんのこと、クルーザーや小型ジェットまで販売していたほどで、「外商のお客様だけでかなりの稼ぎになっていた」（そごう・西武の幹部）。

「西武の外商客を狙え」

そうした盤石の顧客基盤が大きく揺らぎ始めたのだ。というのも、ライバル百貨店がそごう・西武の混乱に乗じて「西武の外商客を狙え」との大号令をかけ、顧客の争奪に動いているからだ。

ある上得意客のもとにも、別の百貨店の外商担当者から「うちで口座を作りませんか」と連絡が来たという。「『池袋西武はヨドバシカメラがメインになりますし、これだけ混乱していたら満足のいく対応など受けられませんよ。うちですべて面倒を見させてくださ い』と営業がすごくて……」（上得意客）。

混乱が広がっていたのは、池袋西武だけではない。広島市の中心部に店を構えるそごう広島店も、２０２３年に20年ぶりのリニューアルが予定されていた。長らく本館と新館の

2館体制だったが、賃借契約が満了を迎え新館が閉館するのに合わせて本館をリニューアルし、1館体制で再スタートするはずだった。

「はずだった」というのは、改装工事がストップしてしまい、2023年秋のリニューアルとしていた当初の予定から大幅に遅れ、2025年春の完成を目指すとしたからだ。というのも14軒あったラグジュアリーブランドのうち12ブランドが撤退の意思を表明し、フロアが埋まらなくなってしまったのだ。

ブランド側は理由について明言しないものの、「売却問題で混乱していることに加え、今後のそごう・西武のあり方が不透明なため、撤退を決意したのだろう。こうしたことが今後、広島だけでなく各店舗で起きてしまう可能性がある。池袋西武にだって起こりうる話だ」。あるそごう・西武幹部はこう危惧する。

売り場で従業員が雑談

ただ、危機感に乏しい販売員も少なくないようだ。連日のように最高気温が30度を超える残暑が続いていた2023年9月末、池袋西武7階の催事場では北海道物産展が開催されていた。多くの人が詰めかけ、チーズやアイスクリーム、海産物といった特産品や、ウニャイクラがこれでもかというくらいにのった弁当など、さまざまな商品を購入していた。百貨店において催事は大事な集客コンテンツにほかならない。高層階のイベントに客をわっと集め、客が下層へ降りていく途中に各階で買い物をしてもらう「シャワー効果」が期待できるからだ。

ところがこの日は、平日の昼間だったこともあるだろうが下層階はガラガラで、目にするのは販売員か、休憩用のソファで涼を取る人の姿ばかりだ。1階の化粧品売り場とデパ地下こそ客はいたものの、催事場に直行し、そのまま直帰した人がほとんどだったのだろうか。

それ以上に気になったのは販売員の様子だ。「いらっしゃいませ」「何かお探しですか」といった声をかける販売員はなきに等しく、雑談をしたり、スマートフォンをいじったり……。多くが暇を持て余し、時間を潰しているように見えた。

あとに述べるが、特に西武百貨店には、呉服系の老舗百貨店とは一線を画し、「採算度外視でおもしろいことをやる」というDNAがある。高度成長期や、バブル経済が華やかなりし頃には、それが大きな原動力となって成長を果たしてきたのも事実だ。その結果、そごう・西武は三越伊勢丹HD、J・フロント、髙島屋、H2Oと並ぶ大手5社の一角であり、2020年度には髙島屋に次ぐ売上高国内2位になったこともある。

図表5-1　2022年度百貨店店舗別売上高トップ10

店舗名	売上高（億円）	前年比
伊勢丹新宿本店	3276	29.2%増（過去最高）
阪急うめだ本店	2610	30.1%増（過去最高）
西武池袋本店	1768	14.8%増
JR名古屋高島屋	1724	21.7%増（過去最高）
髙島屋日本橋店	1430	15.3%増
三越日本橋本店	1384	20.9%増
髙島屋大阪店	1319	20.7%増
髙島屋横浜店	1318	11.1%増
松坂屋名古屋店	1177	13.2%増
あべのハルカス近鉄本店	1136	23.1%増

（出所）各社の開示資料を基に筆者作成

しかし時代は大きく変わり、そうしたビジネスモデルが限界を迎えて旧西武百貨店は経営破綻した。にもかかわらず、そごう・西武には過去の栄光にしがみついている従業員たちがまだかなり残っているという。

ある従業員は「現実離れした奇抜なアイデアばかりを唱えたがる人が、ベテランを中心にとにかく多い。自分たちは、ほかの百貨店マンよりも優れているといつまでも勘違いしている。丁寧な接客で顧客の信頼を得るといったコツコツとした努力は格好悪いと思っている人も多い」と話す。こうしたカルチャーでは、現場の販売員に危機感を持てというほうが難しいのかもしれない。

勘違いを助長させた人物

こうしたそごう・西武の「勘違い」を助長させてしまった人物がいる。鈴木敏文・元セブン&アイ会長だ。

そごう・西武がセブン&アイ傘下に入る経緯については、少し説明が必要だろう。きっかけは、そごうの経営破綻だった。1992年に売り上げ日本一を記録し栄華を極めたそごうだが、地価の上昇と、店舗間の複雑な株式の持ち合いを活用した急速な多店舗化がバブル崩壊であだとなり、2000年7月12日、当時の小売業としては過去最大規模となる約1兆8700億円の負債を抱え、事実上経営破綻した。

当初、金融機関に6300億円の債権放棄を求めたが認められず、民事再生法の下で再建を図ることになった。その後、西武百貨店を経てレストラン西武に転じていた和田繁明が招聘され、旧経営陣の責任追及に当たるとともにそごうの再建に乗り出す。

そんな和田は2003年、今度は銀行の要請を受ける形で十合（当時のそごうの持ち株会社）社長を兼ねたまま西武百貨店に特別顧問として復帰する。西武百貨店は、バブル期に生じた負の遺産処理で債務超過に陥り、金融機関に2300億円の債権放棄をしてもら

西武百貨店の私的整理で会見する和田繁明（右）と堀内幸夫（左）（撮影：尾形文繫）

ったうえで私的整理に追い込まれていたからだ。

和田はある奇策を講じる。2004年9月、持ち株会社であるミレニアムリテイリング（以下ミレニアム）の傘下にそごうと西武百貨店を収めたあと、両社を統合するという計画をぶち上げたのだ。旧そごうと旧西武百貨店の「ダブル再建」である。

翌2005年12月には、セブン&アイが、筆頭株主だった野村プリンシパル・ファイナンスの保有するミレニアムの株式を電撃的に2000億円超で買収し、傘下に収めることを正式に決定。そして2006年6月、両社はセブン&アイグループ入りを果たす。

2009年8月に旧そごう、旧西武百貨店、そしてミレニアムの3社が、そごうを存続会社として合併し、株式会社そごう・西武が誕生。9月には、セブン&アイが展開していたロビンソン百貨店を吸収合併し、百貨店事業を1社に統合し今の形になった。

三顧の礼で迎え入れる

セブン&アイを率いていた鈴木と和田は、かねてから親交があった。その縁で、ミレニアムの株式公開を目指し、流通企業の中で安定株主を探していた和田が鈴木に声をかけた形だ。

当時、そごうや西武百貨店にイオンが関心を示していたことも、和田を急がせた。「イオンの傘下に入れば、イオンという名前を付けられて完全に食われてしまう。そごうや西武百貨店の名を後世に残したいと考えていた和田さんはそれを嫌がり、イオンのライバルで旧知の間柄でもあったセブン&アイの鈴木さんにお願いした」（そごう・西武幹部）。

これは、鈴木にとっても願ってもない話だった。バブル崩壊の影響をもろに受けて苦境に陥っていたとはいえ、百貨店業態が流通企業のトップたちにとって〝高嶺の花〟であることに変わりはない。

鈴木も、いつかは百貨店を持ちたいという夢を持っていた。もっと言えば、当時の鈴木はさまざまな小売企業や外食企業などを取り揃えた「小売業のコングロマリット」を目指していた。

そこに向こうから、しかもライバルのイオンではなく自分たちに話を持ち掛けてきたのだから、鈴木の喜びはいかほどだっただろうか。

鈴木は、ミレニアムを「三顧の礼で迎え入れた」（そごう・西武幹部）という。ミレニアムの取締役全員を誰一人追い出さず、そのままセブン&アイの役員として迎え入れたのもその表れだ。逆に、そごう・西武に対してはセブン&アイから役員はもちろん、誰も送り込まなかった。

治外法権で特別扱い

こうした状況を見て、当時のセブン&アイ幹部は「そごう・西武は治外法権なんだな」と思ったという。

しかし、こうした鈴木の歓迎ぶりが、そごう・西武の役員たちをつけあがらせてしまう。

「何を勘違いしたのか、自分たちがセブン&アイを食って、グループを牛耳れると真剣に思い込んでいた節があった。だから、破綻会社なのに傲慢な態度を取っていた」（そごう・西武幹部）。

それはセブン&アイグループ入りしてからも続く。

鈴木は、周囲に対してとかく厳しいことで知られていた。毎日、セブン‐イレブンの弁当や新商品を試食し、満足がいかないと、すでに棚に並んでいるものでも「今から3時間で引き上げろ」などと命令し、担当者を烈火のごとく叱った。

イトーヨーカ堂の「業革」も有名な話だ。1981年の中間決算で創業以来初の経常減益に陥ったのをきっかけに、鈴木は業務改革委員会、通称「業革」を立ち上げた。全国100店の店長を毎週、四谷の本社に一堂に集めて、売れ行きや在庫などについて報告させる。鈴木が要求するレベルに達していない店長は、全員の前でののしられ、つるし上げられた。

鈴木敏文にとっても、百貨店は特別だったのか……（撮影：今井康一）

そんな鈴木が、そごう・西武に対しては何も言わず、すべて任せていたという。

「百貨店については門外漢でわからないから」と言っていたというが、特別扱いなのは誰の目にも明らかだった。

調子づくそごう・西武役員陣

グループ入り以降、セブン - イレブンが開発したＰＢ食品をデパ地下に並べろとか、セブン＆アイが展開していたロビンソン百貨店の面倒を見ろといった要求があった。これに対してはそごう・西武の従業員から「コンビニと百貨店では顧客層がまったく違うのに……。せっかくの稼ぎ頭であるデパ地下が腐ってしまう」「ロビンソンは百貨店の体をなしていない。それを押しつけるなんて」といった反発の声も上がった。だが、鈴木からの要求はその程度のものだった。

「役員会などで多少のお小言は言われるが、うんうんと言っておけば突っ込まれることもなくそれで終わる」。あるそごう・西武の幹部はかつてこう聞いたことがあると明かす。

「当時のそごう・西武の経営陣は、鈴木さんから厳しく言われないのをいいことに、したがっているふりさえしておけばあとは好き勝手にやれると考えていた。そのため鈴木さんの見ていない陰で、『こうやれば損失はうまく隠せる』『この案件は面倒だからセブン&アイに投げてしまえ』といった会話が平気で交わされていた」。

特に、セブン&アイという巨大流通グループの傘下に収まったことで、それまで悩まされ続けていた資金繰りに関する不安がなくなった。「そごう・西武が『集客力を向上させるためには定期的な改装が必要』などと言えば、セブン&アイは資金を融通してくれた」（この幹部）。

セブン‐イレブン関係者からすればおもしろくない。数十円、数百円という商品を必死になって売って稼いだお金を、自分たちではたいして稼ぐこともできない百貨店に湯水のように使われれば、腹も立つだろう。

「さすがに甘やかし過ぎなのではないか」。セブン&アイの内部からは、そうした不満が噴出するようになっていった。

失われた17年

２０２０年９月13日、そごう・西武の代表取締役会長を長らく務めていた堀内幸夫がこの世を去った。

堀内は1992年に有楽町西武の取締役店長を務めたのち、1999年に西武百貨店の代表取締役社長に就任。セブン&アイの取締役やミレニアムの会長などを務め、2007年にはそごうを立て直した和田繁明の後任としてそごう・西武（当時はミレニアム）の代表取締役会長に就任し、2016年4月まで同職を務めた。つまり、17年間にもわたってそごう・西武のトップに君臨し続けてきたドンだ。

堀内死去の報を受け、新聞各紙は「経営危機下の西武百貨店の再建に努めた」との評伝を相次いで掲載した。

ところが内部から聞こえてくる堀内評は、それとは随分異なる。

「旧西武百貨店を再建したのは、あくまで和田さんであって堀内さんではない。堀内さんは和田さんが敷いたレールに乗っただけだ」「堀内さんは、経営破綻したときのトップだったにもかかわらず責任も取らずにトップに座り続け、セブン&アイ側が何も言わないのをいいことにやりたい放題だった」（いずれもそごう・西武幹部）……。

優秀な外部人材を招聘しても、そごう・西武の生ぬるい体質に手を突っ込まれるのを嫌がって追い出してしまうこともあったという。そうした結果、百貨店他社が構造改革を進める中で、そごう・西武だけはまるで化石のように取り残されてしまった。

「そういう意味で堀内時代は〝失われた17年〟と言っても過言ではない。もちろん堀内さんだけでなく、取り巻きの役員たちにも責任はある」という幹部もいた。

こうした人物がトップに君臨し続けていたのだから、野村證券系の投資会社、そしてセブン&アイの手に渡っても、そごう・西武が再生できなかったのは無理もないだろう。

変わった潮目

次第にセブン&アイの中でそごう・西武は「鈴木案件」と呼ばれるようになる。「セブン‐イレブンとイトーヨーカ堂なら同一商品を展開できるなど相乗効果はあるが、そごう・西武はまったくない。そのため鈴木さんを除いて、セブン&アイの役員陣はほぼ全員がそごう・西武不要論だった」とある幹部は振り返る。しかし誰も鈴木に意見することなどできない。「鈴木さんの目が黒いうちは、売却したくても無理だとあきらめムードだった」。

ところが2015年に入って、アクティビストで米国投資ファンドのサード・ポイントがセブン&アイの株式を取得、不採算事業の改善や切り離しを要求したことでそうした空気に変化が生まれる。

〝こわもて〟で知られるサード・ポイントから狙われたとあっては、無視することもできない。鈴木は、そごう柏店と西武旭川店の2店舗と、イトーヨーカ堂の不採算店20店舗の閉鎖を柱にした構造改革を打ち出して乗り切ろうとした。

当時は創業者である伊藤雅俊が健在で、経営にこそ口出ししなかったもののオーナーとして一定の影響力を及ぼしていた。そのためさすがの鈴木も伊藤に気を使い、小規模の店舗閉鎖でお茶を濁そうとしたのだろう。

ところがサード・ポイントは、この程度では根本的な解決になっていないとして反発する。イトーヨーカ堂やそごう・西武自体の売却を求めたほか、「改革が進まないのはトップに君臨する鈴木のせいだ」と考えて攻勢を強めていく。

後ろ盾を失う

そうした中、前にも触れた「井阪の乱」が起きる。首を切られそうになった井阪がクーデターを起こし、鈴木が失脚したのだ。井阪がトップに就任して経営陣が刷新されたことで、サード・ポイントも一定の効果があったとして矛を収めた。

だがこの一件で、そごう・西武の幹部は肝を冷やしたに違いない。イトーヨーカ堂と並んで店舗閉鎖の俎上に載せられたのもそうだが、何といっても、後ろ盾となってくれていた鈴木が去ってしまったからだ。

鈴木はそごう・西武のみならず、オッシュマンズや、フランフラン、ニッセンHDなどを買収してきた。鈴木はこうした企業群を、「リアル店舗とネット通販の融合」と銘打って2016年にスタートさせた「オムニチャネル」に利用しようと考えていた。

オムニチャネルとは、セブン‐イレブンをはじめとするグループの店舗網と、ポータルサイト「オムニ7」とを連携させようという試みだ。サイトで買った商品を自宅や会社の近くのセブン‐イレブンでいつでも受け取れることをはじめ、現金や電子マネーなどさまざまな手段で店頭決済できること、店頭でいつでも簡単に返品・返金できること、そしてグループ各社の差別化された商品を取り扱っていることなどを売りにしていた。店舗に設置した専用の接客端末を通じた御用聞きサービスなども実施する計画だった。

オムニ7には当初、セブン‐イレブンやイトーヨーカ堂、そごう・西武、ロフト、赤ちゃん本舗、セブンネットショッピングなどグループ8社の商品が掲載されたが、これに買収した企業の商品も加えることで、2019年2月期にはオムニチャネル関連の売上高を1兆円まで引き上げることを目指していた。

ちなみに鈴木がオムニチャネルに力を入れていたのは、次男で当時セブン&アイの執行役員を務めていた康弘を後継者にすべく、この新規事業で大きな実績を残させようとしたためとの見方が業界ではもっぱらだった。

康弘は武蔵工業大学を卒業後、富士通に入社してシステムエンジニアとして勤務後、ソフトバンクに転職し、ＥＣ事業の立ち上げなどに携わった経歴を持つ。そのため鈴木は、康弘のために新たに最高情報責任者（ＣＩＯ）を設けて抜てきし、オムニチャネルの責任者に据えたのだ。

ただ、いくらＥＣ事業を立ち上げた経験があるとはいえ、オムニチャネルはセブン＆アイ傘下の企業群の商品を一手に取り扱う巨大プロジェクトである。規模が桁違いに大きいうえ、膨大な商品を単品ごとに管理しなければならないなど複雑すぎた。

井阪もすぐには手を付けなかったが……

あるセブン＆アイ幹部は、「康弘さんの手に負えるものではなかったことに加え、横柄な態度があだとなり、誰も彼についていこうとはしなかった。そのためオムニチャネルは掛け声倒れに終わってしまった」と振り返る。２０１７年２月期第２四半期のオムニチャネル関連の売上高はわずか６６３億円と、１兆円計画には遠く及ばなかった。

そうした中、鈴木を追い出して社長に就いた井阪は、オムニチャネルについて「当初計画と乖離した状況になっている」として、オムニ7を核とした一連の戦略からの撤退を宣言した。サード・ポイントから不採算事業の撤退などを求められていたこともあって、鈴木が買収した企業群の〝処理〟に乗り出すことも決める。

あるセブン&アイの役員は「鈴木さんがセブン&アイを去ったことで、誰の目も気にせず彼が買収した企業たちの売却を口にすることができるようになった」と振り返る。事実、2021年から2023年にかけてフランフランの株式を売却したほか、2022年8月にはオッシュマンズをエービーシー・マートに、そして2023年5月にはバーニーズニューヨークをラオックスに売却している。そして残ったのがそごう・西武だったというわけだ。

とはいえ井阪も、すぐさまそごう・西武に手を付けようとはしなかった。クーデターによって混乱した社内を融和させることを優先させたためだ。鈴木という後ろ盾を失って、将来を不安視していたそごう・西武の社員たちは、ほっとしたというのが正直なところだっただろう。

しかしそれもつかの間のことにすぎなかった。2021年5月にはバリューアクトがやって来て、そごう・西武の売却を迫ることになるのだから。

第6章

「百貨店」は生まれ変われるのか

フォートレス傘下で再建することになったそごう・西武。現在、池袋西武をはじめとする店舗の改装を進めている。

果たしてどのような店に生まれ変わるのか、今度こそ再建できるのか。百貨店を取り巻く環境が大きく変化する中で、生き残りをかけた闘いが幕を開ける。

仰天の池袋西武再建計画

「ラグジュアリーブランドや食料品など領域ごとに、売り上げと利益貢献度の大きい順に上から並べて、提出してほしい」

２０２３年9月中旬、そごう・西武の商品担当者ら幹部は、新たに就任した経営陣たちから呼び出され、こう切り出された。まだ着任から間もなく、幹部たちはてっきり池袋西武の現状把握から始めるのだろうと考えていた。ところが、新経営陣たちの口から出たのは、想像もつかない言葉だった。

「新たな池袋西武では、ラグジュアリーブランドについては上位10社程度、食料品については上位20社程度に絞って、そのテナントだけを入れる」

9月1日、フォートレスに売却されたそごう・西武は経営陣を刷新し、代表取締役社長を務めていた田口広人は代表権のない取締役社長に降格、新たにフォートレス日本法人の劉　勁《リュウ・ジン》が代表取締役に就任した。

あわせて、それまで取締役を務めていた荒金薫、堤真理、新橋政則、久保田俊樹は執行役員に降格し、代わってフォートレス日本法人代表の山下明男とディレクターの土谷豊が取締役に、マネージングディレクターの成田和磨が監査役に就いた。前取締役副社長の山口公義をはじめ、売却前にセブン&アイから送り込まれていた取締役と監査役の計9人は退任した。

一言でいえば、フォートレスが経営権サイドに陣取り再建を主導、降格されたそごう・西武の幹部たちは執行サイドで実働を担う体制になったわけだ。

新経営陣は早速、そごう・西武の再建に向け、売り場や運営方法に関する計画策定に着手した。中でも旗艦店である池袋西武はヨドバシカメラの出店が決まっており、百貨店はこれまでの半分程度の面積で運営しなければならない。そこで飛び出したのが〝テナント選別〟だった。

事情に詳しい関係者によれば、新経営陣はここのところ売り上げが芳しくない紳士服や婦人服といったアパレル売り場にメスを入れ、売り場面積の大幅縮小を指示。百貨店のメイン商材であるアパレルを、容赦なく切り捨てる方針を提示したという。

そのうえで、高級ブランドや食料品売り場については、出店しているテナントを売り上げや利益貢献度の大きい順に機械的に並べ、高級ブランドについては上位10社程度、食料品については上位20社程度に絞り込む。そして、それ以下は事情にかかわらずすべて撤退させろとの指示が飛んだというのだ。

百貨店は専門店などと違って独自の世界観がある。「百貨」の名のとおり、売り場に並んでいるさまざまな商品を比較して買い回りをしたり、ついで買いを楽しんだりする業態である。「それができるのは比較対象となるテナントがあってこそ。〝上位〟の会社だけの商品を並べるなど、百貨店マンの常識からしたらありえない」「百貨店の常識を知らない投資ファンドが机上だけで考えそうなことだ」「これではフォートレスが買収時に掲げた〝百貨店の再成長〟は達成できない」。そごう・西武関係者らからは戸惑いの声が上がった。

ルイ ヴィトンの逆鱗に触れる

実は、テナント選別についてそごう・西武には苦い過去がある。不振に陥っていた静岡店や船橋店において、光熱費などが高止まりして利益率の低かったレストランを閉鎖し、当時、最も利益率が高かった婦人服のフロアを増やしたのだ。

ところが、レストランがなくなってしまったことで来店客数が減少。その結果、婦人服も売れなくなり、店舗全体の売り上げも激減してしまったのだ。この経験から、数字だけを見てテナント数を変えると失敗するというのが社内の〝常識〟になっていた。

今回も、もし機械的なテナント選別方針を実行に移すなら、すでに出店しているブランドやテナントの反発は避けられないだろうと思われた。

実際、そごう・西武の売却が山場に差し掛かり、池袋西武のフロア案が関係者全体会議で示された際にも、一悶着あった。

ルイ・ヴィトンなどを出店しているモエ ヘネシー・ルイ ヴィトン（ＬＶＭＨ）・ジャパン社長のノルベール・ルレが「店舗を移動することはしないし、面積を小さくもしない」としたうえで、「ラグジュアリービジネスは雰囲気と環境が重要。今までどおりの営業を続けたい」と強くけん制したのだ。

慌てたフォートレスは継続的に交渉、その結果、ヨドバシカメラ店舗との境界・スペースを設けることや、テナント移設に伴う経費負担、そしてヨドバシカメラで並行輸入品を取り扱わないことなどで合意。ルレがそれまでの姿勢を一転させ、「よいプランをもらった。前向きに進める。池袋からラグジュアリーブランドがなくなることはないだろう」と述べてブランドの残留を明言したため関係者は胸をなで下ろした。

プラダジャパンの元社長を招聘

そもそもそごう・西武、とりわけ旧西武百貨店はブランドとの関係が濃密だ。

たとえば、エルメスが日本に進出する際に橋渡しをしたのが旧西武百貨店というのは有名な話だ。エルメスの日本法人だったエルメスジャポンは、エルメス・アンテルナショナルと西武百貨店との合弁で設立されている。

ほかにも、日本の百貨店の中でいち早くフランス・パリにオフィスを構え、エルメスやイヴ・サンローランなどと相次いで提携し、旧西武百貨店の店舗に積極的に導入している。ソニア・リキエル、ミッソーニ、ジャンフランコ・フェレ、ルイ・フェローなどの日本代理店にもなったほか、ケンゾー、イッセイミヤケ、タケオキクチ、メンズビギなどを初めて導入した。

こうした経緯もあって、「ブランドとは切るに切れない関係。さまざまなシミュレーションを行って、どうにかして残せないかと新経営陣を説得した」とそごう・西武幹部は明かす。これには新経営陣もさすがに納得し、50あるブランドすべてを残すことになったという。

ただブランド側からも、残留するのはいいが、売り場の横にヨドバシカメラが出店したり、売り場を移動させられたりすることに対しては懸念の声がつぎつぎと上がったもようだ。このままではブランドに逃げられてしまうと危機感を抱いた新経営陣は11月1日付けでプラダジャパン元社長のダヴィデ・セシアを招聘、取締役執行役員副社長に据えた。

セシアはプラダの日本法人社長を約20年務めたほか、ベネトングループ日本法人でも取締役を歴任するなど、日本における海外ブランドの経営経験が長い。難航すると見られたブランドとの交渉や改装において、豊富なキャリアを生かしてもらおうというわけだ。

ブランド、化粧品、食品に絞り込み

ラグジュアリーブランドの一件では譲歩する形になったが、投資ファンド出身者で固められた新経営陣から見れば、百貨店は非効率の固まりのように映る。

そのため新経営陣は、従業員達の不安をよそに池袋西武に入居していた750のブランドを徹底分析。その結果ほぼすべての利益を高級ブランドと化粧品、そして食品が稼ぎ出していたことがわかったため、この3つの領域に絞り込み、上位380ブランドを残すという決断に至る。

このようなデータ分析は池袋西武だけでなく、横浜そごうなど残りの店舗でも実施してモニタリングするなど、数字で管理する体制に切り替えるという。

非効率の最たるものといえば、いわゆる「文化事業」だ。

江戸時代から明治にかけて創業した三越や高島屋、伊勢丹といった呉服系の老舗百貨店と差別化するための、そごう・西武、とりわけ旧西武百貨店の象徴であり武器でもあった。「おいしい生活」という糸井重里のキャッチコピーで一世を風靡するなど、〝とがった〟スタイルは若者を中心に人気を集め、１９８０年代には池袋西武が日本橋三越本店を抜いて日本一の売り上げを記録したこともある。

文化事業はそもそも集客するための販売促進や広告宣伝の位置付けであり、利益を生み出すものではない。カネもかかり、それが西武百貨店が経営破綻する原因の一つになったという側面もある。

「時代も大きく変わり、ただ美術展や絵画展を開催すればいいという時代ではない。今の時代にマッチしたコンテンツにする必要はあるだろう。ただ、文化事業の廃止は、われわれが培ってきた大きな武器を失うということだ」。そう憂うそごう・西武の幹部は少なくない。

こうした声に配慮してか、文化活動に関する部署は廃止したものの、そごう横浜店にある百貨店初の美術館である「そごう美術館」については存続させる方針だという。

Eコマースで生き延びろ？

「ヨドバシカメラは単なる家電量販店ではないんです。実はアマゾンに次いでEコマース（EC）が強いんです」

フォートレスへの売却が迷走している頃、ヨドバシカメラの入居を理由に反発していたそごう・西武労組中央委員長の寺岡泰博に対し、セブン＆アイの井阪隆一はこう説得していたという。

ヨドバシカメラは1998年にECサイト「ヨドバシ・ドット・コム」を開設、当初は店頭で取り扱っていた家電を販売していたが、徐々に取扱商品を拡大させ、今や家電に加えて食料品や書籍、スポーツ用品に至るまで約800万点以上を扱う。『日本経済新聞』の調査によれば、2022年度の通販売上高はアマゾンジャパンが3兆2051億円とぶっちぎりの1位だが、ヨドバシカメラも2099億円と、ジャパネットHDに次ぐ3位に付けている。

強みは商品数だけではない。自社で配達員を抱える独自の配送網を作り上げ、当日配送のほか、翌日の配達から時間指定を無料で行えるきめ細かなサービスを展開している。現在も、当日配送のエリアを拡大させるため200億円近くを投じてEC配送網の中継地点を整備中だ。井阪は、そうしたヨドバシのプラットフォームを使えばシナジー効果が生まれ、「(池袋西武の売り場が縮小しても)むしろ売り上げは上がる」と訴えていたのだ。

新経営陣も、これと同様の考えを持っている。そごう・西武のECサイト「e・デパート」では、衣料品や食料品のほかアート作品や高級ブランド食器など約3万点を取り扱っている。この商品群をヨドバシ・ドット・コムでも展開しようというのだ。

ただ実際は、百貨店が扱う商品群をECで販売するのは極めて難しいといわれる。「たとえばワイシャツ1枚とってもサイズはS、M、L、LL、XLと幅広く、色も白、黒、紺などさまざまある。それにストライプやチェックなど柄まで含めればかなりの数に上るため、在庫管理や保管場所の確保が容易ではない。ECで成功している百貨店が一つもないのがその証左だ」(大手百貨店の幹部)。

しかも、百貨店業界には「消化仕入れ」という独特な商慣習がある。通常は商品が納品された時点でメーカーに商品代金が支払われ、仕入れた先の在庫となる。ところが、消化仕入れでは、納入時点ではメーカー側の在庫のままで、商品が消費者に購入されて初めて百貨店の仕入れとなって代金が支払われるのだ。

百貨店の在庫リスクを最小限にするための商慣習であり、ECのカルチャーとは大きく

ヨドバシカメラはネット通販「ヨドバシ・ドット・コム」に注力している（撮影：梅谷秀司）

異なる。セブン&アイが例のオムニチャネルを展開していたときも、商品の単品管理や消化仕入れがあるがために、そごう・西武の商品の取り扱いを断念したという。

フォートレスは「全店残す」

2023年9月下旬、そごう・西武の新経営陣はヨドバシHDの幹部を伴って豊島区役所を訪れた。高際みゆき区長や地元商店街の代表者に、今後の池袋西武のあり方について説明するためだ。

高際区長によると、面談の中で新経営陣は「撤退や閉店はしないと約束する」と述べたうえで、「百貨店文化を引き継ぎ、そごう・西武を必ず再生させる」などと発言したという。ヨドバシＨＤも「自分たちの強みと、百貨店が持つラグジュアリーな魅力をコラボさせ、今より多くの人を池袋に呼び込みたい」と力を込めたという。

これに対し、当初からヨドバシカメラの出店に反対していた高際区長は「（説明を聞き）安心した」と会見で述べている。

この頃から、フォートレスの再建策が次第に明らかになってきた。現在の10店舗について閉鎖は検討していないこと。ヨドバシカメラは池袋西武とそごう千葉店に出店、将来的に渋谷西武への出店も検討すること。そのうえで、買収時には２００億円を投じるとしていた店舗改装などの費用を６００億円（うち４００億円は池袋西武）まで積み増すこと――。

当初はヨドバシＨＤと組んでヨドバシカメラを出店すること以外に具体的な再建策を打ち出してこなかったため、「フォートレスは本気で再建するつもりなどないのではないか」（そごう・西武関係者）と心配する声が上がっていた。しかしフォートレスからすれば、そごう・西武という企業の価値を高めてから売却しなければ、投資家が要求するような大きなリターンを得ることはできない。

ほかにも、先ほども触れたヨドバシ・ドット・コムを使った販路拡大や、フォートレスが投資するゴルフ場のアコーディア・ゴルフやマイステイズ・ホテルなどでそごう・西武の商品を販売する計画もあるという。

地方店を支えられない可能性も

こうした計画に対して、そごう・西武の幹部は「店舗閉鎖はしないとしたこと、そして改装資金を６００億円まで積み上げたことは一定の評価ができる」とする。ただ、その一方で「止血はできるかもしれないが、セブン＆アイとフォートレスが言っていた再成長に資するかどうかは不透明だ」と指摘、「関西で失敗したことの二の舞になるのではないか」と心配する。

関西での失敗とはどういうことか。

そごう・西武のビジネスモデルは、池袋西武のような旗艦店の売り上げで、周辺の店舗を支える形だ。オンワードＨＤやワールドといった大手アパレルメーカーやテナントと「旗艦店でたくさん売りますから」と交渉し、ほかの店舗にも売れ筋商品を納入してもらっている。

関西地区ではそごう神戸店が旗艦店の役割を担っていたが、Ｈ２Ｏに売却したために、西武大津店、そごう西神店、そごう徳島店と相次いで苦境に陥り、店舗閉鎖に追い込まれた。前出の幹部は、同じようなことが首都圏でも起こりうるというのだ。

池袋西武は国内3位の売り上げを誇り、そごう・西武の収益の3割以上を握っている。その〝超・旗艦店〟が、所沢や東戸塚、ひいては秋田や福井の店舗まで支えてきたという。「そごう横浜店やそごう千葉店では代わりにならない。いくら400億円を池袋西武に投じるといっても、フロアが半分になってしまえばほかの店舗を支えられるだけの売り上げを作ることはできなくなってしまう」（そごう・西武幹部）。

この幹部は「近い将来、所沢や東戸塚など小さい店舗から潰れていってしまう可能性が大きい。本気で再成長させるつもりがあるなら、そういう店舗にこそヨドバシカメラを出店させればいいのに」と訴える。

こうした見方に対し、そごう・西武の劉勁社長は『日本経済新聞』の取材に対し、池袋西武に代わってそごう横浜店を「マザー百貨店」に位置付け、さまざまな実験を実施して全国の店舗へノウハウを供給すると答えている。

ただ、まずは店舗運営に対する効率化の取り組みが中心だ。売り上げを伸ばして他の店舗を支える力をつけなければ、フォートレスが打ち出した「全店維持」はうまくいかない可能性もある。

「10年間生き延びられた」

いずれにせよ今回、フォートレスがヨドバシHDに不動産の一部を売却したことで、池袋西武はヨドバシHDが保有する不動産のテナントの一つという形になる。

事情に詳しい関係者によれば、池袋西武に関してはヨドバシHDとの間で10年間の定期借家契約を締結している。つまり2033年までは池袋西武として運営できることになる。しかも10年後に契約が終了した段階で、そごう・西武は契約を延長するか否かの交渉を最優先でできる契約になっているともいう。

そごう・西武のある幹部は、「イトーヨーカ堂が展開している大型ショッピングセンターのアリオだって2〜3年の定期借家契約だと聞く。10年というのはかなりの好待遇だ」としたうえで、「フォート

図表6-1　池袋西武が売り上げの35%を占める
—そごう・西武の主な店舗別売上高比率（%）—

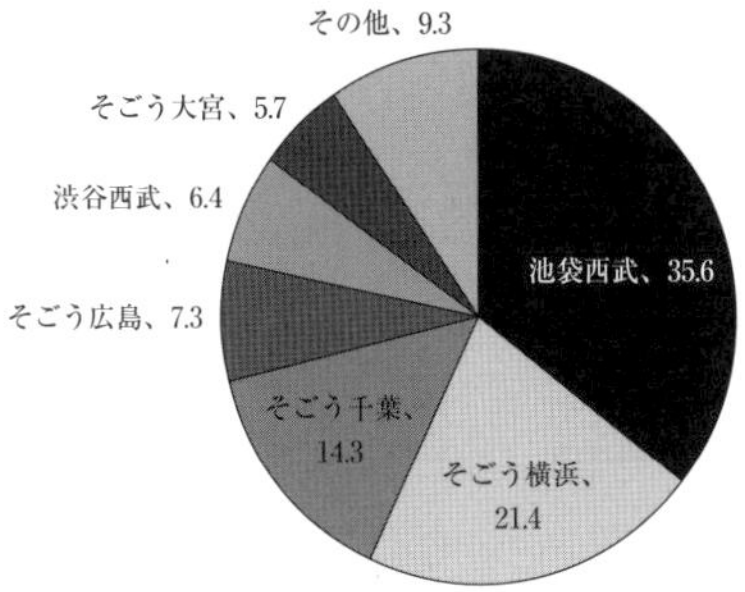

（注）2023年2月期。総額売上高で算出
（出所）セブン＆アイのIR資料を基に筆者作成

レスに売却され、これでもうおしまいだみたいなことを言う人も多いが、私はこれでまた少なくとも10年間生き延びられたと捉えている。10年間、必死にがんばって成果を収めればヨドバシだって離したくなくなるはずだ」と胸をなで下ろす。

一方、別のそごう・西武幹部は、「もともとヨドバシＨＤの提示は3年だったと聞いている。フォートレスは短期的な収益獲得を目指す投資ファンド。契約上は10年となっているかもしれないが、果たしてそんなに長期間、契約を維持してくれるかどうか」と懐疑的だ。

この幹部は「投資回収期間が長く、長期入居が基本のラグジュアリーブランドにとっては、10年でも短いくらいだろう。むしろ、10年経ったら退居を迫られることもあるのか、とマイナスに受け止めるブランドもあるかもしれない。『期限をちらつかされるようならもう出て行く』と、10年を待たずに退店するブランドも出てくるかもしれない。そうして空いた売り場に、ヨドバシカメラがどんどん侵食していく可能性も否定できない」と懸念する。

フォートレス、ヨドバシＨＤ、そごう・西武の腹の探り合いは今後も続きそうだ。

閉店ドミノで百貨店ゼロ県が4県に

かつては小売業の雄と呼ばれた百貨店だが、今や〝オワコン〟と呼ばれるなど、衰退産業の代表格となっている。

経済産業省の商業動態統計によれば、百貨店の売上高は1991年の12兆0851億円をピークに年々減少を続け、2022年には5兆5070億円と半分以下にまで落ち込んでいる。13兆円余りのスーパーや、12兆円余りのコンビニにはもちろんのこと、最近では通信販売やドラッグストアにまで抜かれるありさまだ。小売業全体の売り上げは堅調に推移している昨今、一人負けの状態を呈している。

そうした中、地方百貨店を中心に〝閉店ドミノ〟が深刻さを増している。2019年には伊勢丹府中店や相模原店をはじめとする10店舗が閉店した。2020年には1月に山形県の老舗百貨店・大沼が負債30億円を抱えて破産を申請したのを皮切りに、新潟三越やそごう・西武の西神店や徳島店など4店、東急東横店、福島県の老舗百貨店・中合など、地域の有力百貨店を中心に12店舗が閉店に追い込まれる異常事態となった。

翌2021年には松坂屋豊田店や三越恵比寿店、そごう川口店などが、2022年にも鳥取大丸や丸広百貨店坂戸店、福屋浜田店などが、そして2023年にはそごう広島店新館、帯広の藤丸百貨店、鶴屋百貨店水俣店などが店を閉じている。

2024年1月14日には島根県が地盤の一畑百貨店が営業を終了し、7月末には岐阜県の岐阜高島屋も閉店した。

地方で店舗閉鎖が相次いだのは、コロナ禍でインバウンド需要が消失し、臨時休業や時短営業が広がった時期と重なる。ただ、閉店の多くはコロナ禍前から計画されていたものだ。つまりコロナ禍が原因ではなく、地方を中心に百貨店というビジネスが限界を迎えているといえる。

一連の閉店によって、「百貨店ゼロ県」は山形県、徳島県、島根県、そして岐阜県の4県に上る。

百貨店が県内に1店しかない〝ゼロ県予備群〟も数え切れないほどある。日本百貨店協会のホームページによれば、岩手（パルクアベニュー・カワトク）、茨城（水戸京成百貨店）、新潟（新潟伊勢丹）、福島（うすい百貨店）、山梨（岡島百貨店）、富山（大和富山店）、滋賀（近鉄百貨店草津店）、和歌山（近鉄百貨店和歌山店）、福井（西武福井店）、香川（高松三越）、高知（高知大丸）、佐賀（佐賀玉屋）、熊本（鶴屋百貨店）、沖縄（デパートリウボウ）。その数実に14県だ。

図表6–2　百貨店ゼロ県が４県、予備群は14県

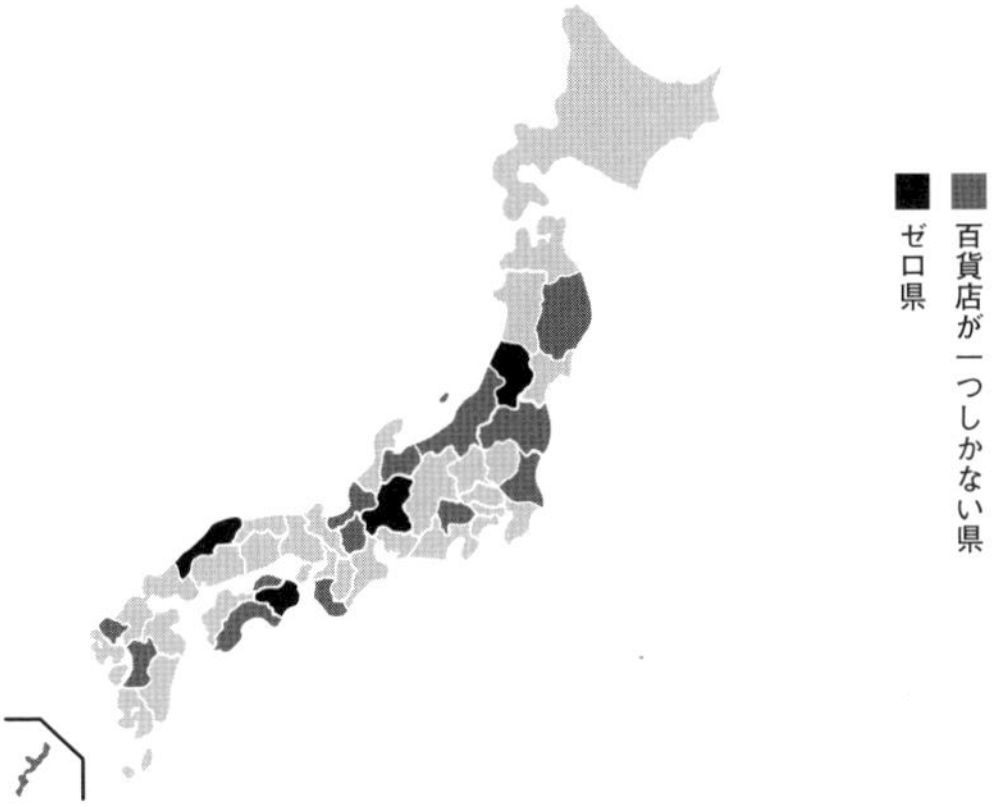

（出所）日本百貨店協会の名簿を基に筆者作成
（注）2024年10月現在

もちろん、今ある地方百貨店がすべて厳しいわけではない。小さくても健闘している店もある。ただ、大手百貨店が大都市店への戦力集中を決めたり、経営が苦しくなった地場百貨店が経営再建をあきらめたりすれば、店自体が健闘していたところで閉店はまぬがれない。百貨店ゼロ県は今後も増える可能性が高い。

地盤沈下の業態

百貨店は、高度経済成長を経て「一億総中流」と呼ばれた時代に絶頂を迎えた。各社、駅前の一等地に巨大な店舗を構え、豊かさを手にした中流層を集客して、店舗を回遊させて稼ぐビジネスモデルを確立していった。消費者も、百貨店での少し背伸びをした買い物を大いに楽

しんだものだ。

ところがバブル経済の崩壊やリーマンショックなどを経て、日本でも賃金や所得などで格差が広がり、消費も大きく二極化していく。その結果、百貨店の主要顧客で最もボリュームが大きかった中流層が縮小してしまった。

賃金は横ばいのまま、税金や社会保険料などの負担ばかり増えて可処分所得が減り、中流層の多くが下の層に脱落してしまったのだから無理もない。

まっさきに売れなくなったのは、百貨店のメイン商材で収益の柱だった衣料品だ。前述の商業動態統計によると全百貨店における衣料品の売上高は、ピーク時の1991年に6兆0557億円と、売り上げ全体の半分程度を占めていた。それが2022年には2兆3049億円と38％まで減少。中でもウエイトが大きな婦人・子供服・洋品は、ピークの3兆0701億円（1992年）から1兆0775億円とこちらも35％まで縮小し、2008年には1位の座を飲食料品に明け渡している。

インターネットやスマートフォンの普及によって、家計に占める通信費の割合が大きくなり、衣料品にかける余裕がなくなったこともあるだろう。消費者は安価な洋服を求めて、ユニクロやジーユー（GU）といった低価格のSPA（製造小売）、そしてECに流れていった。さらにコロナ禍による収入の減少や在宅勤務の増加などで、安価なカジュアル衣料で済ませる層が増加し、消費者はますます百貨店で衣料品を購入しなくなった。

こと地域人口の減少が著しく、消費のパイが縮小している地方百貨店は輪を掛けて厳しい。広い駐車場のある郊外型のショッピングセンターに顧客を奪われているほか、地方にいながら都心で展開されているような商品を購入できるＥＣにも押されているからだ。

地方百貨店は１９７０年代に建てられたものが多く、改装や耐震工事を行わなければならない物件も少なくない。しかしそうした投資を行う体力は残っておらず、やむなく閉店を迫られるケースも多い。

２０２３年に入ってコロナ禍は沈静化し、歴史的な円安も進行してインバウンドが急回復している。百貨店業界にも〝神風〟が吹き、各社は過去最高益を記録している。ただ、こうした構造的な問題は何

図表6-3　百貨店の衣料品売上高

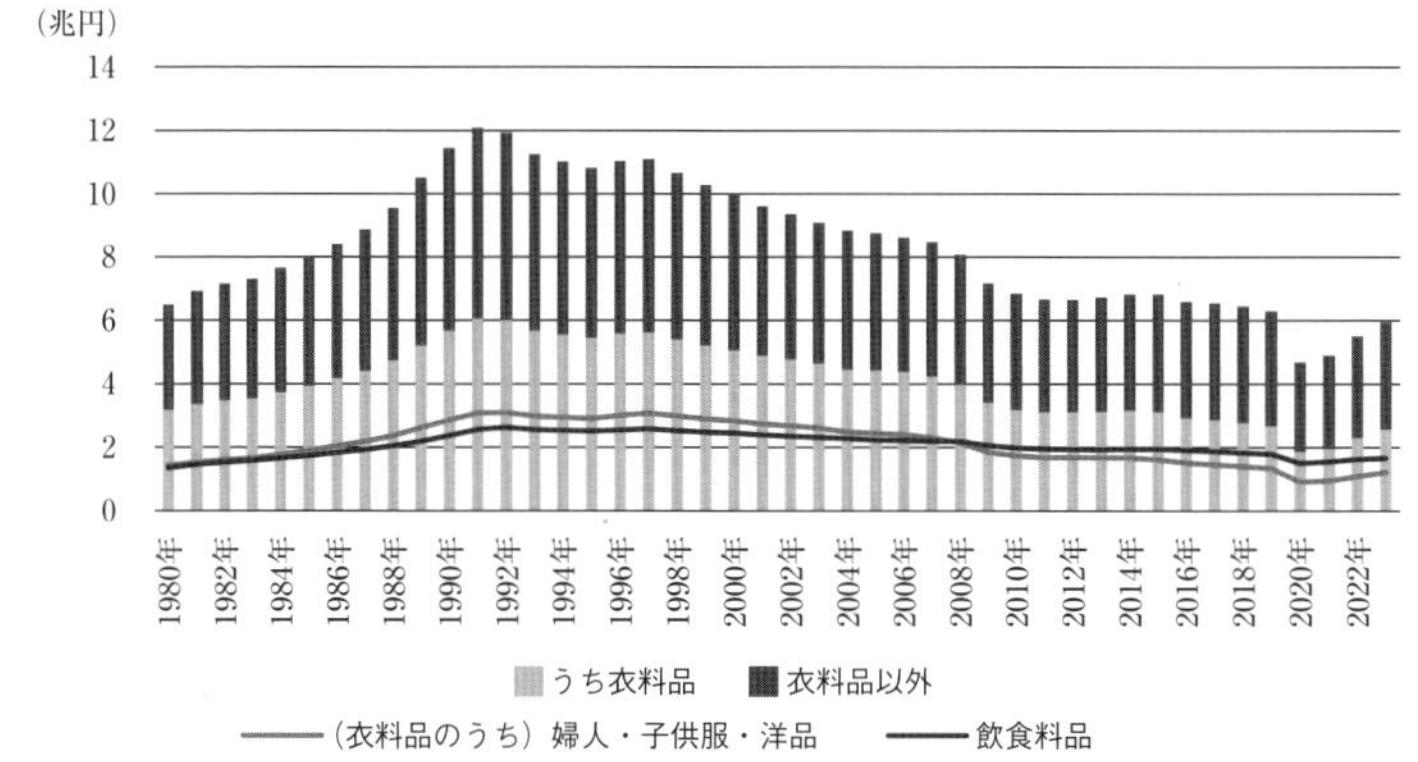

(出所) 経済産業省「商業動態統計」

ら解決していない。

コロナ禍でも強かった富裕層消費

「上層階には高級ホテルを入れ、中間層にはブライダルや旅行代理店、高級エステ、フィットネスクラブ、高級雑貨売り場などを取り揃え、高級レストランも併設した店舗にしたい」

2017年まで三越伊勢丹HDの社長を務めていた大西洋は、かつてこのように語っていた。当時、三越伊勢丹HDも地方店や郊外店が苦戦するなど、過剰店舗に苦しんでいた。その打開策として大西が練っていたアイデアが「富裕層に特化した百貨店」だ。

「今後、中間層の百貨店離れは、加速することはあっても止まることはない。だったら、あえて中間層は捨てて、購買意欲の高い富裕層に特化した店舗にすべきだ」

そう語っていた大西は、次のような構想を抱いていた。まず伊勢丹新宿店、日本橋三越本店、銀座三越の旗艦3店に関しては、百貨店としてこれまで以上に磨きをかける。それ以外の店舗で交通アクセスがいい店舗や、商圏内に富裕層が多い店舗は、富裕層ニーズが高いテナントを誘致し、ホテルや高級レストランを併設した店舗にするというものだ。

そのため大西はブライダル会社を設立したほか、旅行会社やエステ会社を買収するなど着々と準備を進め、実際にある店舗で実践しようとしていた。ところがクーデターによって大西は放逐され、夢はついえた。

そもそも中流層を主要顧客とし、公共的な性格も併せ持つ百貨店が、顧客のセグメント化につながるような戦略を取ることは「タブー」とされてきた。「客を差別するのか」と反発を受け、不買運動などにつながったりしたら命取りだ。しかし中流層の購買意欲が減退する中で、百貨店の将来を案じた大西は〝タブー破り〟も視野に入れていたわけだ。

当時、ここまで振り切った考えを持っていた百貨店マンは少なかった。しかしコロナ禍が一つの転機になる。富裕層が、海外旅行などの自粛で浮いた資金でラグジュアリーブランドのバッグや服、時計、ジュエリーなどの高額商品をばんばん買っていたのだ。

そこに目を付けた百貨店各社は、大西もなしえなかったタブー破りにチャレンジし始めた。

富裕層シフトが鮮明

2021年12月、愛媛県松山市に店舗を構える松山三越が30年ぶりに大幅改装してリニューアルオープンした。従来のテナントは2～4階に集約したうえで、7～8階には全室にフィンランドサウナが付いている北欧スタイルの富裕層向け滞在型ホテルが入居した。6階には最先端のエイジングケアやカウンセリングが受けられたり、美や健康に関する商品を購入できたりするテナントが入る。

上層階の高級ホテルや会員制エステで集客し、下のフロアでお金を落としてもらうというのが狙いだ。改装に伴って高級ブランドの一部が近隣のいよてつ髙島屋に奪われており、戦略の成否はまだわからないが、三越伊勢丹ＨＤではこうした富裕層特化型を「地方百貨店の再生モデル」と位置付け、今後も展開することにしている。

２０２３年1月31日に閉店した東京・渋谷の東急百貨店本店跡地に２０２７年度の完成を目指して建設予定の施設は、さらに富裕層に特化したものになりそうだ。高さ１６５ｍ、地上36階、地下4階で、上層階には高級の賃貸レジデンス、中層階にはアジアで展開する高級ホテル、そして低層階には商業施設が入居する。

東急グループは、この新施設開発に当たって、ＬＶＭＨの開発会社をパートナーに選んだ。銀座にある富裕層向けの商業施設ＧＩＮＺＡ ＳＩＸの開発にも参画している会社だ。

そのため業界では、「東急本店は後背地に松濤という高級住宅街を抱えており、これまで以上に富裕層に特化した施設にしていくのではないか」（ある百貨店幹部）との見方がもっぱらだ。

J・フロントも、富裕層シフトを鮮明にしている。2024年2月期を最終年度とする中計で、外商のシェアを30・0%まで高めるとしたほか、ラグジュアリーブランドや美術・宝飾品なども底上げする方針を打ち出しラグジュアリーブランドや時計ブランドなどの改装を進めた。その結果、GINZA SIXを中心に若手富裕層の開拓に成功。インバウンドの追い風もあって業績は絶好調だ。

狙うは若手起業家

富裕層の成長は、数字を見てもはっきりしている。

2年に1度、富裕層の世帯推計をまとめている野村総合研究所のまとめによると、預貯金、株式、債券、投資信託、一時払い生命保険や年金保険など、世帯として保有する金融資産の合計額から、不動産購入に伴う借り入れなどの負債を差し引いた純金融資産保有額で見た2021年の富裕層は、5億円以上の「超富裕層」が9・0万世帯、1億円以上5億円未満の「富裕層」が139・5万世帯となった。超富裕層と富裕層の合計世帯数は、推計を開始した2005年以降、最も多かった2019年の132・7万世帯からさらに

15・8万世帯も増加している。

安倍晋三政権の経済政策「アベノミクス」が始まった2013年以降、株式などの資産価格の上昇により保有資産額が増大したことに加え、金融資産を運用（投資）したことで準富裕層（純金融資産保有額5000万円以上1億円未満）の一部が富裕層に、そして富裕層の一部が超富裕層に移行したため、一貫して増加を続けているのだ。

しかも、百貨店各社のカード会員の分析では、年間購入額10万円以下の会員の消費金額が減少し続けているのに対して、100万円以上の会員の消費金額は伸び続けているという。

富裕層は、事業オーナーである場合が多い。前述の野村総研の調査では、金融資産1億円以上5億円未満の富裕層のうち、実に約3分の1が事業オーナーだという。中でも最近目立っているのがスタートアップ企業の若手経営者たちだといい、百貨店からすれば〝新たな鉱脈〟が現れたともいえる。

幅広い層を取り込むビジネスモデルから、あえて絞り込むモデルへ舵を切り始めた百貨店各社。そこに、池袋西武をはじめとするそごう・西武の再建に向けた大きなヒントが隠されているのかもしれない。

図表6-4　拡大する富裕層

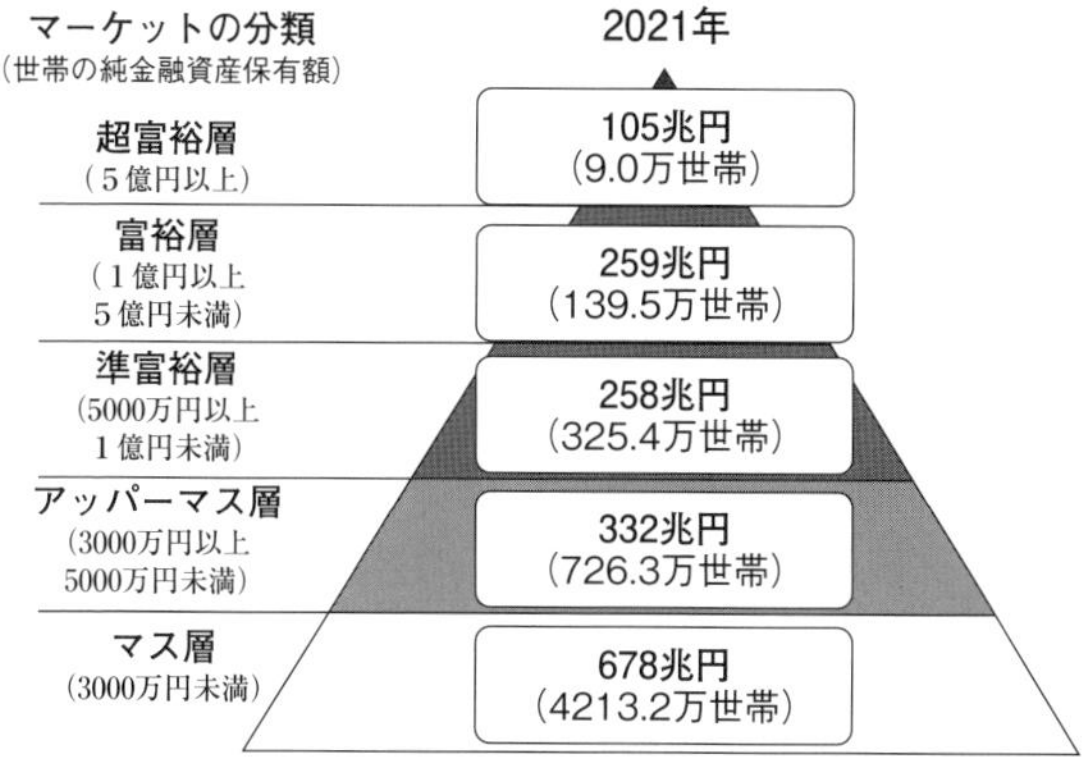

（注）預貯金、株式、債券、投資信託、一時払い生命保険や年金保険など、世帯として保有する金融資産の合計額から不動産購入に伴う借入などの負債を差し引いた「純金融資産保有額」を基に、総世帯を５つの階層に分類し、各々の世帯数と資産保有額を推計
（出所）野村総合研究所の資料を基に筆者作成

池袋西武も富裕層に特化

池袋西武は、あべのハルカス近鉄本店、阪急うめだ本店に次いで、店舗面積で国内3位の広さを誇っていた。これまでは広さを活用し、あらゆるカテゴリーであらゆる商品が揃うフルラインナップの百貨店にすることで、西武鉄道の沿線顧客を中心に東京から埼玉に至るまでの消費者を幅広く集客してきた。

ヨドバシカメラの入居で売り場が半分程度になってしまうとはいえ、それでも通常の百貨店1館分程度に相当する。単にテナントを削減させるだけでは、中途半端な店にもなりかねない。近年は鉄道各社が相互乗り入れを進めており、池袋西武にとっては逆風になっている。

「東京メトロ副都心線の開業で、埼玉県の和光から池袋を通って新宿三丁目、そして渋谷まで1本で行けるようになった。もっといえば副都心線は東急東横線に乗り入れているので横浜まで行けてしまう。その間には百貨店がいくつもあり、顧客が流出しやすい環境にある」（ある百貨店関係者）。

２０１９年に中国の北京ＳＫＰに抜かれるまで世界一の売り上げを誇った伊勢丹新宿店をはじめ、池袋〜横浜間には髙島屋新宿店、京王百貨店新宿店、小田急百貨店新宿店、横浜髙島屋など、フルラインナップ型の百貨店が並ぶ。「池袋西武が新たに同じような店舗を作っても埋没するだけ。であれば、従来と一線を画した個性的な店になるのがベストで、つまりは富裕層特化型百貨店になることだ」とこの関係者は指摘する。

ほかの百貨店関係者の見方も同じだ。

「富裕層の外商客を多数抱えてきたそごう・西武こそ、富裕層特化型にすることで、本来の強みを生かすことができる。旧西武百貨店時代から縁が深いラグジュアリーブランドを取り揃えることに加えて、高級レストランや高級エステ、アンチエイジングなど富裕層が好みそうなテナントを誘致した複合施設にするのがいい」（百貨店関係者、そごう・西武は２０２

こうした声は現経営陣も認識している。２０２４年9月12日、そごう・西武は２０２５

年に全面改装開業を予定している池袋西武の改装計画を公表。ラグジュアリーかつ上質さを意識した内装とし、売り場はラグジュアリーブランドと化粧品、そして食品に絞り込む。その上でラグジュアリーブランドを約3割、化粧品を7割ほど拡張する方針で、富裕層を意識する構えだ。また外商の強化も打ち出し、将来的には売上高の3〜4割まで引き上げたいとしている。

池袋西武には良品計画が展開する無印良品があるほか、ヨドバシカメラも出店し日常的な商品を提供する。売り場面積も半減することから、顧客を奪い合わないよう〝非日常〟を売りにする戦略だ。

体験型消費へとシフト

果たしてこうした戦略はうまく行くのか。ある百貨店の幹部は、「富裕層をターゲットにする戦略は正しい」としたうえで、「ただ今はアパレルをはじめとして、モノが売れない時代。『モノ消費』から『コト消費』へ、もっといえば『体験型消費』などへとシフトしている。そういう意味では文化はいいコンテンツ。特に池袋は『アニメの聖地』として有名になっており、アニメに関するさまざまな施設を導入するのも一つのアイデアではないか。いわゆるオタクの人たちは、好きなものには惜しみなくお金を使ってくれるからだ」と語る。

体験型消費でいえば、「いっそのこと小売業から脱却して、温泉施設やアミューズメント施設、エンターテインメント施設といった集客力のある施設を招致して、顧客を誘い込む戦略もありだ」と述べる流通関係者もいる。

2023年4月、東急グループが東京・新宿歌舞伎町の旧コマ劇場前に建設した東急歌舞伎町タワー（以下、歌舞伎町タワー）がいい例だ。地上48階、地下5階、高さ225mという国内最大級の超高層ビルには、物販テナントが一切ない。安定した家賃収入を得るためには物販を入れるのが普通だが、「モノを売る時代ではない」と思い切って切り捨てた。

その代わり上層階には高級ホテルが入居、下層階には劇場や映画館、ライブハウス兼クラブ、そしてアミューズメント施設などをずらりと揃える「エンターテインメント特化型施設」なのだ。東急の担当者は「壮大な実験」と言うが、深夜まで営業していることもあり訪日観光客などにも人気を博している。来館客数を計画よりかなり早い段階でクリアするなど、滑り出しは絶好調だ。

池袋西武には、そのほかにも「豊島区など行政機関と手を組んでフロアに入居してもらったらどうか」（別の百貨店関係者）というアイデアもある。

栃木市では、福田屋百貨店栃木店の閉店に伴って市が市庁舎として2～5階に入居し、1階部分には東武百貨店が入居して営業している。

東武百貨店にしてみれば、行政手続きなどで市庁舎を訪れる市民に立ち寄ってもらうことで、一定の来客が期待できる。栃木市にとっても、同じ施設内で買い物ができれば市民にとっての利便性が高まる。中でも公共性が高い百貨店ならば入居させやすい。ワンフロアのため売り場は食品やフードコートが中心だが、実際、市庁舎に立ち寄った市民が多く訪れているという。池袋西武もＪＲや西武鉄道の池袋駅上という好立地であり、一考の価値があるといえそうだ。

「脱・百貨店」を急ぐ各社

このように見てきたのは、ビジネスモデルに限界を感じ、「脱・百貨店」を標榜してビジネスモデルを大きく転換している百貨店も少なくないからだ。

Ｊ・フロントは、百貨店大手の中でも早くから不動産ビジネスに傾注してきた。衣料品をはじめとする自社の売り場を圧縮し、その代わりにテナントへの定期借家契約の比率を高めてきたのだ。売り上げにかかわらず一定の賃料を稼げるうえ、自前の販売員を必要としないため、少ない従業員で店舗を運営できる。

そのおかげでJ・フロントは、コロナ禍で百貨店各社が大きな赤字に苦しんだ中、浅い傷で済んだ。J・フロント傘下の松坂屋や大丸は駅前の一等地に建っている店も多く、地の利も生かした戦略になっている。

旧松坂屋銀座店跡地にあるGINZA SIXの定借比率は100％、大丸心斎橋店本館も65％に達しており、今後はこうした定借モデルを地方の店舗にも展開していく構えだ。

J・フロントはさらに、グループ内で保有していた不動産を活用し、名古屋や横浜などでマンション開発にも乗り出している。ショッピングセンターの開発や管理・運営の実績とノウハウを持つパルコに、不動産事業を一元化して保有不動産を集約。その中で、商業用施設には向いていないが居住用途には向いている土地にマンションを建設し、不動産価値の最大化を狙おうというわけだ。J・フロントは、こうしたデベロッパー戦略を重点戦略に位置付けている。

「百貨店は歴史があるため店舗はもちろん、いい立地の不動産を数多く保有している。百貨店ビジネスに限界を感じていたJ・フロントは、小売業という枠にこだわらず、そうした不動産で稼ぐという発想の転換を図った。まだ緒に就いたばかりだが、デベロッパー的な思考を持つパルコのノウハウを活用しながら、今後さらに加速させていくのではないか」と大手百貨店の幹部は見ている。

王者でも百貨店だけでは限界

一方、関西の雄であるH2Oは「関西ドミナント化戦略」を進める。

これは、「食」をキーワードに、百貨店をはじめ大型商業施設や食品スーパーなどでアライアンスネットワークを構築し、関西地区で絶対的な存在になるというものだ。2021年に関西スーパーマーケット（以下、関西スーパー）をめぐってオーケーストアと争奪戦を繰り広げたのは記憶に新しいが、関西スーパー獲得後は子会社化して傘下の阪急オアシス、イズミヤと経営統合、あわせて230店舗以上を誇る関西最大級のスーパー連合を誕生させた。

H2O傘下の阪急阪神百貨店は、関西地区では〝絶対的王者〟である。「東の伊勢丹、西の阪急」といわれ、阪急百貨店（以下、阪急）はファッションの強みを、また阪神百貨店（以下、阪神）は食の強みを磨いてきた。モノ消費の終焉もいち早く予見し、阪急うめだ本店改装時には「劇場型百貨店」と銘打って9～12階までを吹き抜けにした大広場やホールを設置するなど、先進的な取り組みを進めてきた。

しかし、〝王者〟をもってしても百貨店ビジネスだけでは厳しい。そこでH２Oは、関西スーパーを傘下に入れたあとも、関西圏で約１６０店舗の食品スーパーを展開する万代とも包括業務提携を締結するなど、食品スーパー事業の強化を急いでいる。

全国に大型店をバランスよく配置し百貨店首位の髙島屋も、百貨店一本足から早々に舵を切っている。子会社のデベロッパーである東神開発が、玉川髙島屋S・Cや、流山おおたかの森S・Cといった大型案件を相次いで開発し、今やデベロッパー事業は百貨店事業に次ぐ柱に成長しているのだ。

いっそフロア貸しに転じるか

無印良品や西友、ファミリーマート、ロフト、パルコ、そして吉野家……実は、旧西武百貨店こそ、百貨店以外のさまざまな業態を生み出し、「インキュベーター」とも呼ばれる存在だった。こうした企業群で巨大流通グループ「セゾングループ」を形成し、百貨店に依存しないビジネスモデルを作り上げていた。そういう意味では時代を先取りしていたといえる。

しかしバブルが崩壊し、一転して負の遺産の処理にまい進せざるをえなくなり、ロフト以外のすべての企業を放出するに至った。今から脱・百貨店戦略を進めようにも手駒がない。唯一ありえそうなのはJ・フロントのような不動産業になること。つまりフロア貸しくらいだ。

特に地方店に関しては、いくら実質無借金になりフォートレスから改装資金を得られるとはいえ、投じられる資金には限界がある。へたに改装するよりも、いっそフロア貸しに転じて、地域の特性にあったテナントを誘致するほうが賢いかもしれない。

ある百貨店関係者は言う。

「地方ではもはや地域一番店しか生き残れないだろう。だとしたら、2番店以下の店舗はフロア貸ししか生き残る道はない。幸い立地はいいからテナントは喜んで入るはずだ」

ただ、ユニクロやニトリといった人気テナントはたいてい駅前の商業ビルなどに入ってしまっている。こうしたビッグネームをしのぐような魅力的なテナントを見つけてこられるかどうか。「それも難しければ、売却するほかないのではないか」と多くの関係者は見ている。

第7章 狙われるセブン&アイ

そごう・西武の売却を経て、ひと息ついた形のセブン&アイ。しかしこれは序章にすぎなかった。

次のターゲットはやはり不採算事業であるイトーヨーカ堂。セブン&アイ自身もそうした面を意識しており、イトーヨーカ堂改革に乗り出し、売却話も取りざたされている。

しかし、一度着いてしまった火は瞬く間に燃え広がり、ついにはセブン&アイ自体がターゲットとなってしまった――。

イトーヨーカ堂が店舗閉鎖と本社移転

「ようやくセブン&アイも本丸に手を付け始めたか」

ある流通関係者は、イトーヨーカ堂が２０２４年2月9日に発表したリリースを見て、そう感じたという。

「イトーヨーカドー店舗の事業承継等について」と題したこのリリースは、北海道と東北、信越地方の9店舗について、川崎市に本社を構え格安食品スーパー「ロピア」を展開するＯＩＣ（オイシー）と北海道帯広市に本社を構えるダイイチ、そしてヨークベニマルに事業承継するという内容だった。

イトーヨーカ堂は、これらの地域で合計17店舗を運営しているが、承継できなかった店舗についても順次閉店する方針で、実質的な撤退となる。

イトーヨーカ堂は今回、45歳以上の正社員を対象に早期退職の希望者も募った。「人員削減ではなく、ベテラン社員には会社の方針と方向性が合わなくなっている人もおり、そうした人たちに対する転職支援が目的」とするが、現在、本社や商品などの本部機能をまとめる組織のスリム化を図っている最中で、実態はリストラにほかならない。早期退職の対象は1000人以上になると見られている。

また、セブン&アイと同じ千代田区二番町のビルに入っていた本社についても、品川区南大井に移転するなど、コスト削減に大きく踏み出した格好だ。

「アクティビストをはじめ、市場はイトーヨーカ堂のスピンオフを求めている。しかし、創業家との関係からそれはできない。しかし何もしなければ批判は高まるし、中期経営計画（中計）のアップデートで示した目標を達成することも厳しい。そこで、まずは店舗や人員を削減するというリストラ策を打ち出したのだろう」と、先の流通関係者は見ている。

図表7-1　撤退・撤退予定のイトーヨーカ堂店舗一覧

道県名	店名	所在地	譲渡先
北海道	帯広店	帯広市	ダイイチ
	北見店	北見市	
	琴似店	札幌市	OIC グループ
	アリオ札幌店	札幌市	ダイイチ
	屯田店	札幌市	OIC グループ
	福住店	札幌市	
青森県	青森店	青森市	OIC グループ
	五所川原店	五所川原市	
	八戸沼館店	八戸市	
	弘前店	弘前市	OIC グループ
岩手県	花巻店	花巻市	OIC グループ
宮城県	石巻あけぼの店	石巻市	ヨークベニマル
福島県	郡山店	郡山市	ヨークベニマル
	福島店	福島市	
新潟県	丸大新潟店	新潟市	OIC グループ
長野県	アリオ上田店	上田市	OIC グループ
	南松本店	松本市	

（出所）各社発表資料を基に筆者作成

〝まとめ売り〟は至難

セブン&アイは現在、グループ企業の構造改革を進めている真っ最中だ。アップデートした中計に基づいて首都圏のスーパー事業を強化するため、2023年9月1日にイトーヨーカ堂とヨークを経営統合。2026年2月期までに黒字転換し、EBITDA(利払い・税引き・償却前利益)550億円を目指している。

この目標は、「不採算店が足を引っ張っている今のイトーヨーカ堂にとってはかなり高い。目標を達成するためには結局、店舗閉鎖と人員削減というリストラしか手がないのではないか」というのが、流通関係者の共通した見方だ。

だが事情に詳しい関係者によれば、こうした店舗の承継については今に始まったことではなく、実は3〜4年前からひそかに進めていたものだという。具体的には、北海道や東北、中部、関西など、地域ごとに店舗をひとまとめにして、有力な小売チェーンや地場のスーパーなどに譲渡・売却する算段だったという。いわゆるバルクセールのような形だ。

しかし交渉は簡単には進まなかった。「北海道の店舗を地元のスーパー、アークスに売却しようとしたが断られ、次に持ち込んだニトリにも断られて一時立ち往生していた。そこで方針を切り替え、もう少し小さなチェーンに話を持ち込んで交渉を続けてきた」(イトーヨーカ堂関係者)。

ところがイトーヨーカ堂は総合スーパー(GMS)が中心である。コロナ禍の巣ごもり消費で食品スーパーは好調だが、衣料品や家電、日常雑貨まで幅広く揃えるGMSは、売

図表7-2　首都圏でもイオングループに押されている
—セブン＆アイグループの主要スーパー子会社の店舗数と首都圏でのシェア—

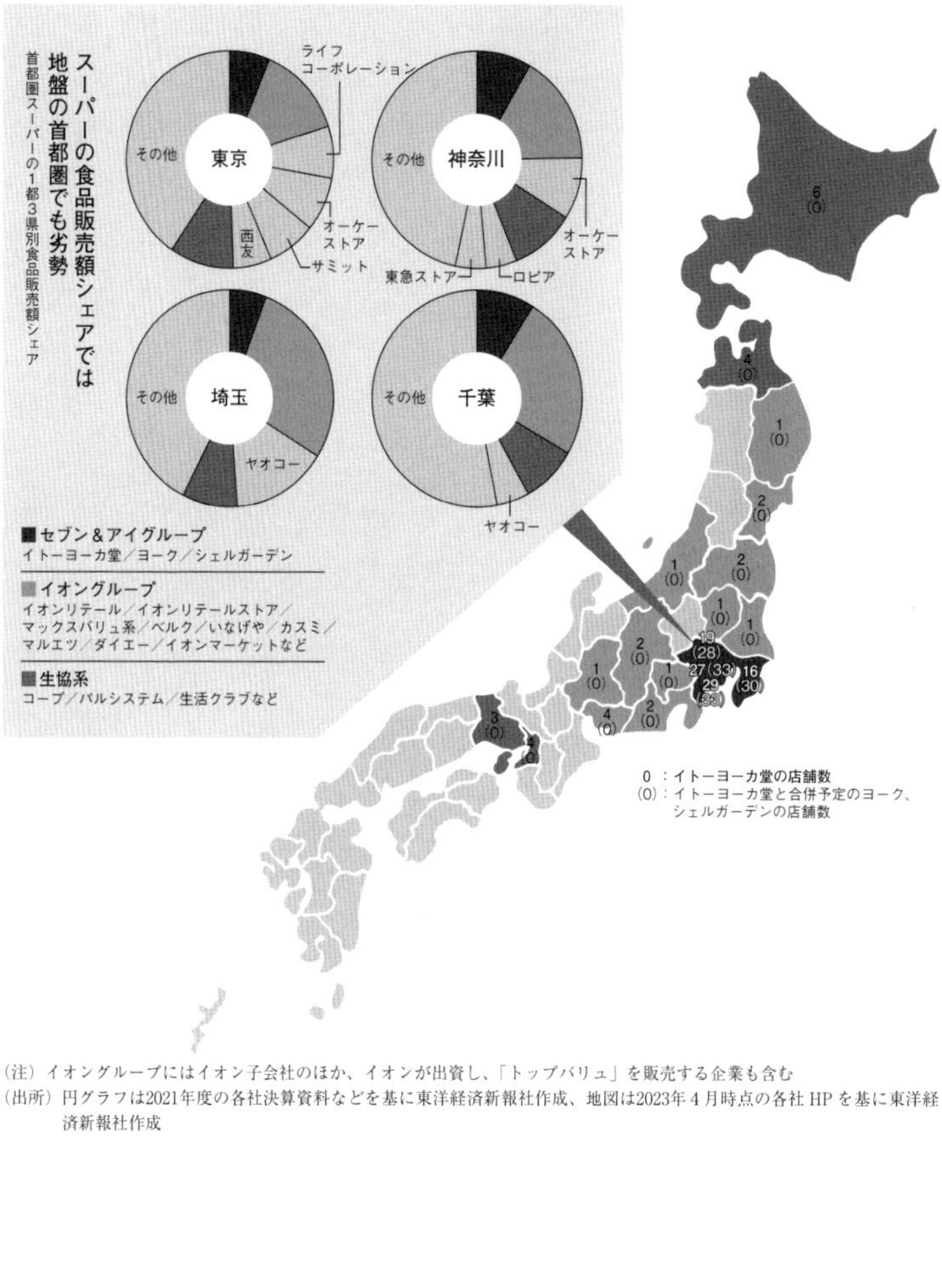

（注）イオングループにはイオン子会社のほか、イオンが出資し、「トップバリュ」を販売する企業も含む
（出所）円グラフは2021年度の各社決算資料などを基に東洋経済新報社作成、地図は2023年４月時点の各社 HP を基に東洋経済新報社作成

り場面積も広く、高コスト体質であり不振を極めている。

「これからは食品スーパーの時代で、GMSの時代は終わった。あんなに広い店舗は要らない」（中堅スーパーチェーン幹部）との声がもっぱらで、チェーン運営者にはイトーヨーカ堂の店舗が魅力的に映っていなかったのだ。

そのため交渉は難航、どうにか話が付いた北海道と東北、そして信越地方の17店から発表したというのが真相のようだ。

イトーヨーカ堂関係者によれば、残り16店については「バルクで売却するのは難しそう」だと言い、「個別に譲渡先を探すしかない」とあきらめ顔だ。

首都圏でも挽回は困難？

今回の北海道と東北、信越からの撤退について、イトーヨーカ堂は「首都圏集中戦略の一環」だと説明するが、それについても疑問符が付く。というのも、首都圏に店舗を集中させたところで、厳しい状況に変わりはないからだ。

2021年度での首都圏の売り上げシェアを見てみると、すでに1都3県すべてでイオングループに圧倒されている。都県によってはライフコーポレーションやヤオコーにも負けている。

「発祥の地でもある首都圏は、もともとイトーヨーカ堂のホームグラウンドではあるが、すでに食品に特化したライバルが成功を収めており、今さらがんばっても挽回は難しい」(食品スーパー幹部)というのが業界の一般的な見方だ。

イトーヨーカ堂自身もそうした状況は承知している。そのため、ついに首都圏の店舗にもメスを入れ始めた。かつてはイトーヨーカ堂の中でトップの売上高を誇った津田沼店をはじめ、上板橋店、拝島店などを相次いで閉店。茨城県唯一の竜ヶ崎店や埼玉県の西川口店、愛知県の尾張旭店など、構造改革の一環として打ち出していた33店の閉店計画についても固めた。

またセブン&アイは中計のアップデートにおいて、スーパー事業における「インフラの整備」も打ち出している。これまで店舗で行われていた仕入れや加工を、「プロセスセンター」や「セントラルキッチン」といった食品製造工場で一括して行おうというのだ。

実際、2023年3月末から千葉県流山市で新たな工場が稼働しており、千葉市でも準備中だ。作業の省人化や効率化が図れるほか、店舗のバックヤードや調理スペースが不要になることで、売り場の拡大が可能になるとしている。

ただこうしたインフラ整備には、今さらといった印象が否めない。ライバルの食品スーパーたちは10年以上前から導入し、すでに整備済みのものだからだ。

「反省すべきことだが、正直言ってセブン&アイはこれまでイトーヨーカ堂の経営に手を突っ込めていなかった。今回のインフラ整備はそうした状況に風穴を開け、セブン&アイが本気で改革に乗り出すという意思の表れ」と、ヨークとの合併後にイトーヨーカ堂の副会長に就任、現在はセブン&アイの常務執行役員としてスーパーストア事業を統括する石橋誠一郎は語る。

始めないよりはマシだが、かなりの周回遅れであることに加えてインフラ整備もまだ緒に就いたばかり。かなりの急ピッチで整備を進めなければ、首都圏における巻き返しは難しいと言わざるをえない。

SIPストアが成功したとしても……

いずれにせよ、こうした一連の動きは、セブン&アイ自身がGMSに限界を感じ、祖業である衣料品からの撤退と合わせて、食品スーパーに軸足を置き始めていることの表れともいえる。そういう意味でセブン&アイはもう一つ、新たな取り組みを進めている。「SIPストア」戦略だ。

SIPとは、「SEJ・IY・パートナーシップ」の頭文字を取った略語で、セブン‐イレブン・ジャパンとイトーヨーカ堂が互いの強みを持ち寄って施策を練る社内プロジェクトだ。セブン‐イレブンをベースとするいわば〝兄弟ブランド〟のような位置付けとなっている。

その一環として開発を進めるSIPストアは、約130㎡の売り場面積が一般的なセブン‐イレブンに対し、330～500㎡と、コンビニの3倍程度の売り場を想定している。1000㎡以上であることが多いイトーヨーカ堂と、セブン‐イレブンのちょうど中間を狙った形だ。品揃えは生鮮品や総菜、冷凍食品のほか、PBである「セブンプレミアム」も並べる。新設したプロセスセンターで加工・調理し、ほとんどの商品を内製化することで、店舗のオペレーションコストを抑えるとともに利幅も大きく取ることができ、損益分岐点は競合より低く抑えられると見ている。

イオン傘下の小型スーパー「まいばすけっと」の成功を見て、セブン&アイがようやく動き出したといえる。まいばすけっとができ始めた当初、セブン&アイは、「コンビニの店舗がこれだけあふれている中で、小型スーパーなどうまくいくわけがない」（セブン&アイ幹部）と高をくくっていた。

しかし、コンビニサイズの小さい店舗に生鮮品、総菜も含めたスーパーとして最低限の品を揃えるフォーマットは、首都圏を中心にコンビニでは食事需要が満たされないというニーズをうまく捉えた。その結果、２０２１年度には約１０００店舗、売上高２０００億円を達成、その後も安定的な黒字化も実現するなど、首都圏でミニスーパーが成立することを示した。

今回セブン＆アイがまいばすけっとよりもう一回り大きな店舗で、コンビニとイトーヨーカ堂の間を埋めるような小型スーパーが展開できれば、大手小売店の空白地で生き永らえてきた中小スーパーの看板が塗り替わるだけでなく、コンビニサイズのまいばすけっとにとっても、大きな脅威となる可能性がある。

ただセブン＆アイがどこまで本気でＳＩＰストアを展開しようと考えているかには疑問が残る。事実、あるセブン＆アイ幹部は、「あくまで実験であり、本格展開する計画は今のところない」と言い切る。またたとえＳＩＰストアが成功したとしても、現在展開するＧＭＳのイトーヨーカ堂をどうするかという課題は残り続ける。

イトーヨーカ堂改革に携わるある関係者は、「もちろん雇用の問題は考えなければならないが、不採算店は合計33店と言わずもっと大胆に閉鎖する必要があるだろう。そのうえで食品に特化して、空いた売り場についてはテナントを入れて家賃収入を得るビジネスモデルを構築する。減少した売り上げについては、ドン・キホーテが成功しているように海外に進出するのも一つの手だ。その際にはサプライチェーンの構築なども必要だろう」との考えを示す。

コンビニ一本足打法

イトーヨーカ堂改革には手間取っているが、セブン＆アイ自体の業績は絶好調だった。2023年2月期の連結営業収益（売上高に相当）は11兆8113億円と、日本の小売業で初めて10兆円を超えた。続く2024年2月期も11兆4717億円と減収ながら高水準を維持した。

この数字は、9兆5535億円（2024年2月期）でやはり過去最高を記録した2位のイオンや、3兆1038億円（2024年8月期）で3位のファーストリテイリングを大きく上回る。2024年2月期の営業利益は5％増の5342億円と過去最高を更新した。

「こんなに業績がいいのに、なぜいろいろ言われなければならないのか。アクティビストはわかりやすい選択と集中をと訴えることで、株価を引き上げたいだけだ」

井阪隆一は周囲によくこうぼやいていたという。

図表7-3　売り上げの７割以上を海外コンビニが稼ぐ
—セブン＆アイの事業別営業収益と営業利益の割合—

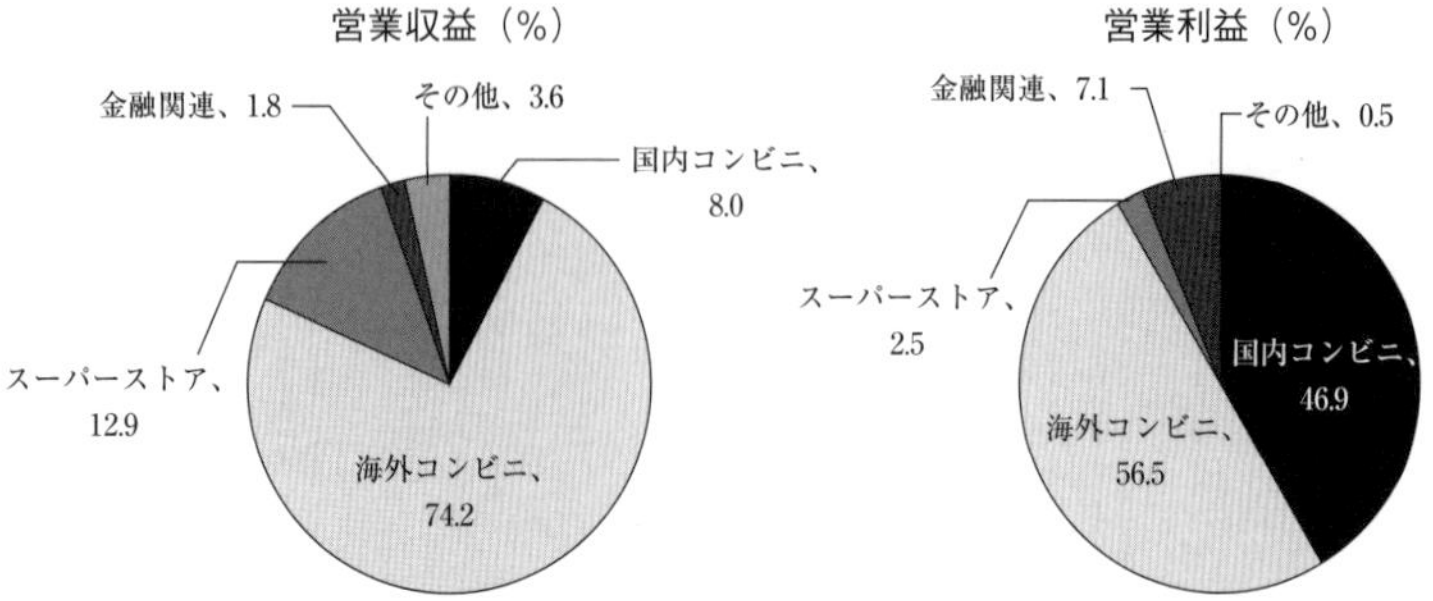

（注）2024年２月期。営業利益についてはマイナス計上である「消去・全社」を除いているため合計が100%にならない。また営業収益もマイナス計上されている「消去・全社」を除いているため合計が100%にならない
（出所）セブン＆アイの資料を基に筆者作成

ただ、好業績の中身をつぶさに見ていくと、「コンビニ依存」、もっといえば「海外コンビニ依存」が浮かび上がる。

２０２４年2月期の決算では11兆４７１７億円の営業収益のうち、実に82・2%に当たる9兆４３８６億円をコンビニ事業が占めている。さらにいえば74・2%に当たる8兆５１６９億円が海外コンビニ事業だ。

営業利益で見ても、コンビニ事業は何と全社の５３４２億円を上回る５５２１億円を稼ぎ出している。まさに「コンビニ一本足」といえる構造だ。

米国スピードウェイの課題

ただそれも安泰とはいえない。米国在住のあるジャーナリストによれば、「スピードウェイはガ

ソリンスタンド併設型のため郊外の店舗が多く治安が悪い。そのため、日本のように夜間に女性客が一人で入れる雰囲気にはない。脱炭素をはじめとする環境問題の観点から見ても、将来は不透明といわざるをえない」と指摘する。目下、フレッシュフードを導入するなど〝日本化〟を進めているものの、「店舗によってばらつきがあって欠品も目立つ。日本のセブン‐イレブンのようになるのにはかなりの時間を要するだろう」(ジャーナリスト)。

こうした問題点についてはセブン&アイも認識しており、さらなるフレッシュフードの開発や生産拡大を急いではいる。その一つが、米国セブン‐イレブンやスピードウェイ向け商品を生産しているわらべや日洋HDの能力増強だ。

わらべやは2023年3月、110億円を投じて米国オハイオ州周辺で調理パンなどの製造を行う新工場を建設すると発表した。すでに稼働中のハワイ州とテキサス州、8月に稼働予定のバージニア州に次ぐ4拠点目となる。米国セブン‐イレブンが、テキサス州で展開しているわらべやの子会社を、中西部における事業パートナーに選出したことを受けてのもので、わらべやは今後、中西部の2500店へ納品する計画だ。

ある大手コンビニ関係者は、「おいしくなくてもとにかく安い商品を求める米国で、日本のように安くておいしい商品を提供できれば圧倒的な強みになる」と言う。一方で「日本におけるセブン‐イレブンのパワーは絶大で、納入業者は何でも言うことを聞くが、米国ではそう簡単にいくかどうか。米国セブン‐イレブンは苦労するだろう」。工場で働く人材も不足しているといい、今後、人材確保も課題になるだろうと指摘する。

米国セブン‐イレブンは、売上高に占めるフレッシュフードやオリジナル商品のシェアを、2025年度までに34％まで引き上げる方針を掲げるが、その道のりは険しいといえそうだ。

国内コンビニは飽和

一方の国内コンビニ事業はどうだろう。セブン‐イレブンは2023年3～8月期に過去最高益を計上、国内店舗の1店舗当たりの売上高（全店平均日販）も創業以来初めて70万円を突破した。

巣ごもり需要が旺盛となったコロナ禍では、商品数で勝る食品スーパーの後塵を拝したが、その間に食事需要を取り込むなど、日常生活で使い勝手がいい商品群への改善を進めた効果が出てきている。さらに、コロナの5類移行で行動制限がなくなり、オフィスや行楽地などへの人出が急増し、インバウンドが回復したのも追い風となっている。

ただ、2024年3月末現在でセブン‐イレブン・ジャパンの店舗数は2万1544店舗にまで拡大した。ほかのフランチャイズチェーンのみならず、同じセブン‐イレブンチェーン内でも競合が激しくなり、加盟店オーナーは苦しい状況に追い込まれている。人手不足も深刻だ。2019年に東大阪市のオーナーが24時間営業をやめるという〝反乱〟を起こしたときも、「致し方ないこと」（あるオーナー）と同情する加盟店も少なくなかった。

セブン‐イレブンは「コロナ禍で、近所にコンビニが欲しいというニーズが高まっており、インフラ的な意味合いからもまだまだ出店余地はある」として、2024年以降も年間100店程度の出店を続けていくとしている。だが、飽和状態であることは間違いなく、人手の確保やそれに伴うオーナーの負担、さらには物流における2024年問題など、課題はまだまだある。「これ以上店舗網を拡大して、これまで築き上げてきたシステムが維持できるのか」と疑問視する流通関係者は少なくない。

セブン‐イレブンも飽和こそ認めていないものの、そうした問題意識は持っている。そのため現在、米国のみならず海外の店舗網の拡充を急ぐ。

2023年4月にはベトナム事業に対するさらなる投資を決定した。2022年度時点で79店を展開しているが、2023年度に115店、2026年度に275店、2028年度には500店の新規出店を計画している。

また2023年11月には、オーストラリアで「セブン‐イレブン」ブランドの店舗を運営するコンビニエンスグループHD（ビクトリア州）を17・1億豪ドル（約1700億円）で買収すると発表した。年が明けた2024年1月にも、米国の中堅コンビニであるスノコLP（テキサス州）からコンビニとガソリンスタンド計204店舗を9億5000万ドル（約1370億円）で取得すると発表した。スノコからは2018年に1030店舗を取得しており、追加取得となる。

セブン&アイは現在、日本をはじめ北米やアジアを中心に20の国や地域で8万店を有するが、大半は現地企業にライセンス供与する形で、直接運営しているのは米国や中国などにとどまっている。今後は現地の運営会社に出資するなど、直接運営に力を注いでいく構えだ。

セブン&アイの関係者は、「イトーヨーカ堂は別として、そごう・西武をはじめとした企業の売却が終わり、事業的な分散という選択肢は少なくなってきた。そのため、万が一コンビニが不調になったときのリスクは増している。そうした現状を意識し、地域という面で分散しながら拡大していく方針だ」と、その狙いについて語る。

イトーヨーカ堂売却が浮上

2024年2月中旬、イトーヨーカ堂に近いセブン&アイ関係者から1本の連絡が入った。

「セブン&アイがイトーヨーカ堂の売却を検討している。すでに売却先としてファンドの名前が挙がっている」

これまで見てきた通り、セブン&アイの井阪はアクティビストからイトーヨーカ堂の売却を迫られていたものの、創業家に対する配慮などから反対の意思表示をしていた。だが機関投資家をはじめとする一部の株主は、アクティビストの主張に一定の納得感を示しており、その結果が2023年5月の株主総会における会社提案の取締役選任議案に対する賛成率の低下にも表れていた。

それでもセブン&アイは、中期経営計画で打ち出したイトーヨーカ堂の店舗閉鎖で乗り切ろうとしているように見えた。ところが、社内の一部でイトーヨーカ堂の売却が検討されており、すでに二つの投資ファンドの名前が浮上している——。そうした情報がもたらされたのだ。

複数の関係者によれば、セブン&アイは当初、イトーヨーカ堂の株式上場を検討していたという。ところが「上場には成長戦略（エクイティストーリー）が必要だが、縮小一辺倒のイトーヨーカ堂にはそれがない。そんな会社の株なんて誰も買ってくれない」という声に押され、売却へと舵を切ったのだと関係者は明かした。

たしかにイトーヨーカ堂を中心に、セブン&アイからの離脱を望む声は多かった。井阪をはじめとするグループ幹部のほとんどがセブン‐イレブン出身者である。そのためイトーヨーカ堂はつねにお荷物扱いで、〝虐げ〟られてきたとの思いが強いからだ。「祖業はイトーヨーカ堂なのに、今のような扱いは耐えられない。いっそそごう・西武のように売却してくれればいいのに」。イトーヨーカ堂の社内からはそうした声が上がっていた。

私たちも取材を進め、2024年2月29日の「東洋経済オンライン」で「セブン、そごう・西武に続きヨーカ堂売却を検討」と題した記事を公開した。記事では、そごう・西武の売却を終え、次はイトーヨーカ堂の売却を検討しているという事実に加え、日本企業成長投資とKKRという二つの投資ファンドの名前が浮上していることについて触れている。

日本企業成長投資は、日本企業に特化して投資する投資ファンドで、パートナーを務める横山淳は、伊藤順朗を10年近くサポートしてきた右腕的な存在だ。そのため、買収後、伊藤順朗を社長に据え、イトーヨーカ堂の立て直しを図ることが念頭にあるとされていた。

一方のＫＫＲは西友の親会社で、ウォールマートや楽天グループから株を買い取り、85％の株式を握っていた。しかし不振から脱することができずにいたため、イトーヨーカ堂に関心を寄せていると見られていた。

しかも、西友の社長を務めている大久保恒夫はイトーヨーカ堂出身だ。ドラッグイレブンや成城石井の社長を務めた後、２０１１年からはセブン＆アイに戻ってセブン＆アイ・フードシステムズの社長やセブン＆アイの常務執行役員などを歴任していた。２０２１年３月からは西友に招請され、社長兼ＣＥＯに就任しているが、「そもそもはイトーヨーカ堂のトップになりたかった人。だからイトーヨーカ堂が転がり込んでくれば願ったり叶ったりだろう」という見方がもっぱらだった。

さらに２０２２年からセブン＆アイの社外取締役を務めているスティーブン・ヘイズ・デイカスも、かつて西友のＣＯＯやＣＥＯを歴任した人物で、当然のことながら西友に詳しくパイプもある。こうした背景もあってＫＫＲの名前が取りざたされたというわけだ。

ドン・キホーテを運営するＰＰＩＨが関心

実はこうした報道より前に、ある企業がイトーヨーカ堂の買収に関心を示していたという。その企業とは、ディスカウントストアであるドン・キホーテを展開するパン・パシフィック・インターナショナルHD（以下PPIH）だ。

1978年に創業者の安田隆夫が東京・西荻窪に18坪の雑貨店「泥棒市場」を開業したのが始まりのPPIHは、1989年にドン・キホーテ1号店を開業する。商品を天井に届きそうなくらいに高く、そして高密度に展開する「圧縮陳列」が評判を呼び、店舗網を拡大させていった。2007年にはスーパーの長崎屋を買収、その後もスーパーのユニーや宮崎県の橘百貨店を相次いで買収するなど、ウイングを広げた多角化を進めている。

そんなPPIHがイトーヨーカ堂を欲しがっていたという。

「長崎屋の買収以降、ドン・キホーテは圧縮陳列とは一線を画したスーパーの売り場のような店舗を拡大させており、今後はスーパーを事業の柱の一つにしたいとの意向を持っているもよう。イトーヨーカ堂が手に入れば一気に200余りの店舗を手中にできる。PPIHからすれば喉から手が出るほど欲しい物件だろう」（流通関係者）。

ただ、セブン&アイ内部には売却先として「イオンとドン・キホーテを運営するPPIHだけはノーだ」という共通認識があるという。そもそもイオンはライバルだし、PPIHはイトーヨーカ堂という企業ではなく店舗不動産が欲しいだけと映っていたからだ。

イトーヨーカ堂「上場」の検討に入ると発表

さきの「東洋経済オンライン」の報道に対し、セブン&アイは「本記事に掲載されている内容の事実は全くございません」と、完全否定のリリースを発表する。そのうえで、記事の公開から約2カ月が経過した4月10日、2024年2月期の決算発表の席上で、井阪はイトーヨーカ堂をはじめとするスーパー事業について新規株式公開（IPO）、つまり上場の検討に入ることを取締役会で決議したとぶち上げた。

井阪によれば、社外取締役で構成する戦略委員会がこの1年間議論した結果としてまとめた会社への提案を基にしたもので、2026年2月期の黒字転換など首都圏の食品スーパー事業の再建が見通せる状況になった場合、早いタイミングで上場の検討に入る方針だとした。また再建後、セブン&アイが「一定程度の持ち分」を手放す方向で検討に入ることも確認したとした。

会見で井阪は、その理由として「食の分野であるコンビニとSST事業（スーパーストア事業）の協業をしっかりやるためには、（セブン&アイが）ある程度の持ち分を持ちながらも、SSTとしては財務規律を維持し、自分たちの成長投資ができる形態がふさわしい」とわかりにくい説明に終始し、持ち分比率についても「SSTの連結化にこだわらない。どのくらいの比率を持つのがシナジー（相乗効果）創出に必要か検討している」などと述べた。

将来の上場を強調することで「売却」という言葉をあえて避けた井阪。しかし「外部出資を募る」というのは、実態は売却を意味するのではないかと感じた流通関係者は多かった。

多くの流通関係者は、「売却という言葉を使えばイトーヨーカ堂の社員たちは動揺し、組合と揉めたそごう・西武の二の舞になることを恐れたのだろう。そのため上場というワードを使って社員を鼓舞したかったのではないか。しかし、誰も上場なんて信じていない。売却するとはっきり言ってあげたほうが、社員たちも身の振り方を考えることができるのに」と切って捨てた。

とはいえ、イトーヨーカ堂の売却について完全否定してきた姿勢からは、一歩踏み込んだものといえた。実際、「上場」というワードで社内の混乱を抑え込めば事態を乗り切れると踏んでいたのかもしれない。しかしその4カ月後、井阪はまさかの事態に見舞われる。それは、そごう・西武の売却など「序章」に過ぎなかったかのような大きな出来事だった。

カナダのアリマンタシォンから買収提案

2024年8月19日、『日本経済新聞』の電子版が「セブン&アイに買収提案 カナダのコンビニ大手」と題したスクープを配信した。

記事は、「セブン&アイ・ホールディングス（HD）がカナダのコンビニエンスストア大手、アリマンタシォン・クシュタールから買収提案を受けたことが19日、わかった。セブン&アイは社外取締役で構成する独立委員会を立ち上げており、評価額など提案内容の精査を始めた。その答申を踏まえ、受け入れるかを検討する。提案を知る複数の関係者が明らかにした」というものだった。さらに続けて、「提案は法的拘束力のないものだという。出資比率や株式の取得方法などの詳細は明らかになっていない。セブン&アイの時価総額は16日時点で約4兆6000億円。完全買収するには少なくとも5兆円以上が必要となる。実現すれば、海外企業による日本企業買収としては最大級となる見通し」とも報じた。

実は、アリマンタシォンが買収提案したのは7月下旬のことである。セブン&アイは提案を受け取ってから約1カ月もの間、そのことを隠し続けていたが、それを『日本経済新聞』がすっぱ抜いたわけだ。

アリマンタシォンは、「クシュタール」や「サークルK」といったブランドで、北米をはじめスウェーデンやフィンランド、アイルランド、ポーランドなど世界31カ国で約1万6700店以上を展開するコンビニ最大手の一つである。米国におけるコンビニ市場の店舗シェアは3・8%と、8・5%を占めるセブン&アイに次ぐ2位だ。2024年4月期の売上高は692億ドル（約10兆円）と、セブン&アイの約11兆円（24年2月期）とほぼ同じ規模となっている。カナダのトロント証券取引所に上場しており、時価総額は約800億カナダドル（約8兆6000億円）と、約4・5兆円のセブン&アイを大きく上回っている。

M&Aの巧者としても有名だ。1980年にカナダ・ケベック州にコンビニ1号店を出店して以降、カナダで「クシュタール」ブランドで店舗網を拡大。米国には2001年に進出し、2003年に「サークルK」の運営会社を買収して急成長を果たした。それ以降、米国ホリデーステーションストアーズを手に入れるなど、北米を中心に積極的な買収攻勢を仕掛けている。2021年にはフランス政府の反発でかなわなかったものの、世界的な流通大手カルフールの買収も試みている。

じつは、セブン&アイがスピードウェイを買収した際、アリマンタシォンも関心を示していた。だが、セブン&アイが勝ち取ったことは前で触れたとおりだ。そのおかげでセブン&アイは売上高を11兆円に乗せるなど好業績に沸いたのだが、そのときのライバルがわずか3年で今度はセブン&アイをまるごと欲しいといって現れたのだから、井阪の心は穏やかでいられないだろう。

2度にわたる提案は「前哨戦」

だが、そもそもアリマンタシォンから狙われる〝下地〟はあった。というのも、これまで2度にわたって買収を打診していたからだ。

事情に詳しい関係者によれば、最初に話があったのはセブン&アイが誕生した2005年にさかのぼる。東京都内のレストランで、イトーヨーカ堂創業者の伊藤雅俊(故人)と食事を共にしていたアリマンタシォンの創業者アラン・ブシャールが、北米事業に関する経営統合を提案してきたという。しかし伊藤はこの打診を拒否した。グループ幹部に対して、「コンビニは鈴木(敏文・現名誉顧問)の案件だから報告しておくけど、僕のほうで断っておいたからね」と打ち明けていた。

それから15年の時を経て、そうした出来事があったことを覚えている人も一握りになったところ、再びアリマンタシォンが現れる。きちんとお伺いを立てた前回とは違い、今回は米国ゴールドマン・サックスをフィナンシャルアドバイザーにつけて、正式に経営統合を迫ってきたのだ。しかしセブン&アイは、アクティビストであるサード・ポイントの対応に明け暮れていた時期で、「取締役会の議案に上げるまでもないと判断し、当時の経営陣はすぐさま断ってしまった。ちょうどサード・ポイント対応が大変な時期で、提案があったことを気にする幹部はいなかった」（セブン&アイ幹部）という。

しかし、そうした認識が甘かった。いったん身を引いたものの、このときからすでにアリマンタシォンは本気だったのだ。そのため今回は、「あくまで友好的な買収提案」（アリマンタシォン）としながらも、あらかじめカナダの年金基金を始めとする資金の出し手と話をつけるなど、満を持してセブン&アイを飲み込みにきている。

M&Aをめぐる環境も大きく変わった。それまでであれば買収提案を受けても水面下で交渉し、断ってしまえばよかった。だが2023年に経済産業省が「企業買収における行動指針」を策定したことにより、真摯な買収提案についてはむげに断れなくなってしまったのだ。指針では、会社の経営支配権に関わることは経営陣ではなく「株主の意思」に依拠すべきだとし、株主が合理的に判断できるよう積極的な情報開示を求めている。そのうえで「真摯な買収提案（望ましい買収提案）」を受けた対象企業には「真摯な検討」を行うよう要請しており、買収提案の放置や経営陣が保身を図る目的での買収防衛策の発動も認められなくなってしまった。

そのためセブン＆アイは以前のように提案を断れず、取締役会議長のスティーブン・ヘイズ・デイカスを委員長とし、独立社外取締役で構成する特別委員会を設置し、提案を受け入れるかどうか真摯に検討せざるをえなくなったわけだ。

「著しく過小評価している」

２０２４年9月5日、特別委員会から報告を受けたセブン＆アイは取締役会を開催し、アリマンタシォンに回答書簡を送付することを決め、翌6日にその内容を公開する。その中では、アリマンタシォンの提案が全株式を1株14・86ドルで、現金で取得するというものだったことが明らかにされた。これは、当時の為替レートで1株２２００～２４００円程度となり、買収総額は6兆円規模にのぼると見られた。

こうした提案に対しセブン＆アイは、まず企業価値について「著しく過小評価している」と指摘。「ステークホルダーの最善の利益に資する提案ではない」「実効性の伴う協議を行うだけの根拠・材料を提示していない」と反論した。また、米国競争法上の問題を念頭に「複数の重要な課題について、適切に考慮されていない」として、拒否する姿勢を明確にした。

　そのうえで、「株主およびその他のステークホルダーにとって最善の利益をもたらすいかなる提案にも真摯に検討をする用意がある」と、今後アリマンタシォン側が買収額などの条件を変更した際には再度、提案内容を検討するとした。

　提案当初の提示価格はプレミアム（上乗せ幅）が乗ったものだった。だがその後セブン&アイ株が上昇し円高も進行したため、確かに提案額は割安となっていた。そういう意味では、「過小評価」であることは間違いない。

　しかし市場関係者の間では、「アリマンタシォンの提案を真っ正面から捉え、価格を論点とする同じ〝土俵〟に乗ってしまったことは、セブン&アイ自身の首を絞めることにもなりかねない」との指摘がある。というのも「当たり前ながら、最初の提案では低い球を投げてくる。しかし、アリマンタシォンは年金基金なども味方につけており、価格をどんどん引き上げてくるだろう。そうした攻勢にセブン&アイがどこまで対抗することができるのだろうか」（市場関係者）というのだ。

　それからまもなく、こうした市場関係者らの心配は的中してしまう。

最悪のタイミングで業績悪化

9月に入ったころ、セブン&アイ社内には不穏な空気が漂い始めていた。屋台骨である国内外のコンビニ事業の業績悪化が明らかとなってきたからだ。

特に苦戦していたのは、売上高の7割を占める海外コンビニ事業だ。主力の米国では物価高を背景に中低所得者層を中心に客足が遠のいたことに加え、併設するガソリンスタンドでのガソリン販売額も減っていた。米国既存店のガソリンを除いた商品売上高は8月まで12カ月連続で前年割れとなっていた。

国内のコンビニ事業も減益に陥っていた。物価高の進行で強まる生活防衛意識に、価格戦略が追い付いていけていなかったからだ。そのため既存店売上高は6月からマイナスが続いていた。

「これまでは変化対応に勝ち筋を見いだし成功を収めてきたが、完全に後手に回ってしまっている。特にスピードウェイを買収して絶好調だと言っていた米国事業が惨憺たる結果になりそうで、非常にマズい状況だ」。セブン&アイの社内からは、こんな声が相次いで聞こえてきた。

セブン&アイにとって、業績の悪化が表面化するタイミングが悪すぎた。なぜならアリマンタシォンの提案を「著しく過小評価している」として突っぱねていたからだ。株価は買収提案以降上昇していたが、業績悪化が明らかになれば大きく下がりかねず、アリマンタシォンに反論できなくなってしまう。あるセブン&アイの幹部は、「株価を大きく引き上げられるような新しい戦略を打ち出さなければもたない」と語り、社内で大きな決断が行われていることを示唆していた。

そうした中、アリマンタシォンからは、買収金額を引き上げた新たな提案が送られてくる。1株18・19ドル（約2700円）と10月8日の終値（2230円）よりも約2割高い水準で、全株式を取得した際の取得額は7兆円規模となる。

中間決算での重大発表

9月末、あるセブン&アイ関係者からこんな情報がもたらされた。

「10月10日に予定されている2024年度の中間決算で、重大発表が行われる」

取材を進めていくと、その輪郭が見えてきた。上場すると発表していたイトーヨーカ堂をはじめとする非コンビニ事業について連結子会社から外す、つまり売却する方向で検討を進めているというものだった。他メディアも同様の情報をつかみ、売却対象に関する報道合戦が過熱していった。

そして迎えた中間決算発表の当日。井阪は記者の前に姿を見せず、オンラインで決算説明会に登壇する。といっても画面に映るのは資料だけで、井阪本人は顔を出さない徹底ぶりだ。これでは放送できないと感じたテレビ局の記者から「井阪社長の顔を見せてもらいたい」との要望が上がったほどだ。

そんな〝顔なし〟説明会では、まず井阪が2024年3～8月期の決算を説明。前述したようなコンビニ事業の不振によって営業利益は前年同期比22・4％減の1869億円に、純利益も同34・9％減の522億円に沈み、通期の業績予想まで下方修正せざるをえない状況に追い込まれたことが明らかになった。

そうした決算を受けて、井阪は新たな経営方針の説明に移る。概要はこうだ。まず、イトーヨーカ堂やヨークベニマルといったスーパー事業に加え、ファミリーレストラン「デニーズ」を運営するセブン＆アイ・フードシステムズ、生活雑貨のロフト、ベビー用品の赤ちゃん本舗といったコンビニ以外の事業について連結子会社から外す。そのうえで中間持ち株会社「ヨーク・ホールディングス（ＨＤ）」を設立して31社を傘下に置き、過半の株式を外部企業に売却する計画で、10月から外部企業の選定作業をスタートさせている。

わずか半年で前言を翻す

つまりコンビニ集中を目指す方針であり、社名も「セブン&アイHD」から仮称ながら「セブン-イレブン・コーポレーション」に変更する計画を示した。

そのほか、イトーヨーカ堂で展開し始めたばかりのネットスーパーからの撤退、北米のコンビニ事業について不採算の444店を閉鎖するといったテコ入れの実施、そしてセブン銀行との資本関係の見直しなどについても言及した。

だが、わずか半年前まで井阪は、今回とは真逆の戦略を説明していた。表向きには「売却ではなく上場を目指す」と訴えていながら、水面下ではイトーヨーカ堂などのスーパー事業について売却を模索していたのだ。

こうした戦略についてセブン&アイ関係者は「コンビニ事業を目指すと言えば株価が上がると踏んだ買収防衛策」と指摘する。

しかし繰り返しになるが、「売却」と報じた「東洋経済オンライン」の記事に対しても「全く事実はない」とまで否定していたのだ。それが、買収提案を受けた途端、売却に転じるというのは「あまりに行き当たりばったり過ぎないか」(市場関係者)といった声は根強い。さらにいえば本書でも取り上げてきたように、そごう・西武の売却はステークホルダーへの説明が不十分で混乱を極めた。にもかかわらず、その教訓は生かされていないように映る。

結果的にセブン&アイは「イトーヨーカ堂などの非コンビニ事業をスピンオフしてコンビニ専業になれ」と求めてきたサード・ポイントやバリューアクトといったアクティビストの主張通りの戦略に行き着いている。そごう・西武の売却もそうであったように、背景にあるのは、その場しのぎの場当たり的な経営にあったのではないか。それこそが、日本最大の流通グループであるセブン&アイが「解体」ともいうべき事態へと突き進んでしまった最大の理由と言えるのではないだろうか。

イトーヨーカ堂は創業家に奉還

にもかかわらず井阪は、さらに大風呂敷を広げる。10月24日に開催されたセブン&アイのIRデーで、「2030年度にグループ売上高30兆円を目指す」とぶち上げたのだ。「グローバル市場での成長機会を的確に捉えて、さらなる成長が見込める段階を迎えている」としているが、足元でコンビニ事業が不振に陥っている中で、現在の2倍以上の売上高を実現させるのは容易ではない。株価も当日こそ若干上がったものの、その後下落して推移するなど市場の評価もいまいちだ。

「アリマンタシォンの買収提案に対抗するため、いろいろぶち上げて株価を引き上げようとしているように映るが、目先の課題をクリアするような地に足がついたしっかりとした戦略でなければ市場は評価しない」（市場関係者）との指摘は少なくない。

では、解体が進むセブン&アイはどうなるのか。まずスーパー事業など非コンビニ事業を切り出して立ち上げるヨークHDについて、「創業家への〝奉還〟を進めた後、売却するのではないか」とセブン&アイ関係者は解説する。

実はセブン&アイが10月10日に発表したスーパー事業再編の資料には、小さな文字で「創業家との共同投資の可能性を含む」との記載が盛り込まれていた。「中間持ち株会社設立の目的」の中にある「戦略的パートナーを招聘する」という項目に、わざわざ括弧書きで書かれていたのだ。ヨークHDの代表権のある会長に創業家出身の伊藤順朗が就任することを併せて考えると、「つまりは祖業であるイトーヨーカ堂を創業家にお返しするという意思の表れ。お返しするので、他資本の下で自立してやっていってほしいということだ」（セブン&アイ関係者）との見方が根強い。

ただ、ヨークHD傘下には、1973年にイトーヨーカ堂と業務提携、2006年にセブン＆アイ傘下に入り、グループ内では重要な位置づけであるヨークベニマルも入っている。

ヨークベニマルの存在感

ヨークベニマル中興の祖と言われる大高善興（現ヨークベニマル取締役名誉会長）の子で、2024年に社長に就任した大高耕一路は「大高家も創業の一つ」といってはばからず、『日本経済新聞』のインタビューに対しても「セブン＆アイとしてはヨーカ堂の再生に重きを置いていた。規模からいっても深刻度合いからいっても必要なことだったろう。ただこれからは、ヨーカ堂も（ヨークHD傘下の）7社のうちの1社。社内では『ヨーカ堂が主語ではない』と強く訴えている」と発言している。創業家からの出資に関しても「金額はわずかだが、出資できるチャンスがあるなら前向きに検討したいという気持ちはある」と述べるなど、存在感を増してきている。

そのためセブン＆アイ関係者は、「伊藤家に奉還するものの、今のイトーヨーカ堂に経営は無理。したがって業績が良く、イトーヨーカ堂の再建にも協力しているヨークベニマルが主導権を持ってやっていくのではないか。幸い伊藤順朗さんは、大高（善興名誉会長）さんのことを尊敬しており、両家の関係はいい。創業家同士がタッグを組んで経営すればいいのではないか」と語る。

そのうえで「現社長の大高（耕一路）さんは伊藤忠商事で27年間、食品の原料関係の仕事を担当していた。セブン&アイはもともと三井物産との関係が深いとされているが、実際は伊藤忠商事がかなり食い込んでいるだけに、今後、商社の出方も気になるところだ」と指摘する。

ヨークHDには、イトーヨーカ堂やヨークベニマルといったスーパー事業以外にも、生活雑貨のロフトや、ファミリーレストランであるデニーズを展開するセブン&アイ・フードシステムズなどが傘下に入っている。こうした非スーパー事業は「以前から売却先を探していた」（セブン&アイ幹部）という事情もあって、「ヨークHDとは別に売却される可能性が高い」（同）と見られている。

「ロフトは以前から、そごう・西武やイトーヨーカ堂といったセブン&アイ関連の施設以外にも出店したいという意向を持っており、別売りされることを望んでいる。ロフトならいくらでも買い手がつく」（同）。こうした事情もあって、個別に売却される可能性が高いというわけだ。

米国セブン‐イレブン・インク側の思惑

　非コンビニ事業の売却に踏み込み、コンビニ専業としてアクセルを踏み込む意向を示したセブン&アイ。しかし、足下では、火種がくすぶっている。米国のセブン‐イレブン・インク（以下、インク）だ。

　関係者によれば、2000年代半ば、インクは米国市場における成長戦略の起爆剤とするため再上場を企図していたという。このときは日本のセブン&アイが押さえ込んだといわれ、インクの社長を務めるジョセフ・マイケル・デピントは「いまだにその思いを強く持っている」（セブン&アイ幹部）とされる。

　言わずもがなだが、セブン‐イレブンは米国発祥のコンビニだ。それを鈴木敏文が1974年に日本に〝輸入〟し成功を収めた。ただ、本家である米セブン‐イレブンは1991年に経営破綻し、当時のイトーヨーカ堂と傘下のセブン‐イレブン・ジャパンが株式を取得して救済した。2005年にセブン‐イレブン・ジャパンが完全子会社化している。

　このような経緯もあって、デピントは「セブン‐イレブンはもともと米国のもの」との意識が強く、さらに「直近でこそ業績不振だが、それより以前にセブン&アイが最高益を続けてこられたのは北米事業を拡大させたおかげとの思いを持っている」と関係者たちは見ている。もちろんセブン&アイもそうしたことは意識しており、デピントに77億円という巨額の役員報酬を支払っているわけだ。

だがここにきて、セブン&アイ関係者は興味深い見方を示す。アリマンタシォンからの買収を機に、デピントがインクの独立を目論んでいるのではないかというのだ。

アリマンタシォンがほしいのは米国だけか

２０２４年10月、アリマンタシォンのアレックス・ミラー社長兼ＣＥＯや創業者のアラン・ブシャード会長、そして特別顧問のブライアン・ハナッシュ前社長が来日し、『日本経済新聞』をはじめとするメディアのインタビューに応えた。そのなかでミラー社長は「セブン全体に関心があり、両社を統合させることに興味がある。（北米事業のみを取得して買収を取り下げる）目的はない。セブンが日本で提供する生鮮食品や物流は世界クラスのものだ」と語っている（２０２４年10月17日付け『日本経済新聞電子版』）。

だが、「とりあえず友好的な買収提案を掲げており、最初はこう言うだろう」（セブン&アイ関係者）と、本心は別にあるという見方がもっぱらだ。

アリマンタシォンの収益の源泉は米国で運営するサークルKで、売上高はグローバル全体の6割を占めている。サークルKは中西部に強く、東海岸の都市部に強いセブン‐イレブンとはかぶらずに補完し合える。またガソリンスタンド併設型で、ガソリンなどの燃料販売が中心のサークルKに対して、食品など多数の商品を扱うセブン‐イレブンは魅力的にも映るだろう。

そのため、「アリマンタシォンの本当の狙いは米国のインク」（同）との見方が根強く、複数のセブン&アイ関係者は「日本から独立したいデピントにとってみれば渡りに船で、インクだけ買ってもらって将来的に上場させてくれればと思っているのではないか」と語る。中には「アリマンタシォンがセブン&アイを丸ごと買ったとしても、将来的には日本のセブン‐イレブンを売却しようと考えていても不思議ではない。セブン‐イレブンなら高く売れることは間違いないし、十分な投資リターンも得られるからだ」といった見方を示す関係者もいる。

MBOによる非公開化の買収防衛策まで浮上

しかし、井阪らセブン&アイがこのような買収回避を狙った改革案をいくら打ち出しても株価は上がらず、市場から十分な評価を得られたとは言いがたかった。焦ったセブン&アイは2024年11月に入って、強烈な買収防衛策を繰り出す。

創業家出身でセブン&アイの副社長を務める伊藤順朗と、伊藤家の資産管理会社が、セブン&アイに買収提案を行っていることが明らかになったのだ。簡単に言えば創業家主導でMBO（経営陣が参加する買収）を実施し、株式の非公開化を目指すというものだ。

あくまでアリマンタシォンが「同意なき買収」を仕掛けた場合という前提ではあるものの、TOB（株式公開買い付け）を実施する方向で、全株式を取得した場合の買い付け総額は8兆円以上に上る公算が大きい。そのためすでにメガバンクをはじめ、伊藤忠商事などにも出資を打診するなど交渉を始めている。これに対しセブン&アイの社外取締役で構成する特別委員会は、「潜在的な株主価値の実現のための全ての選択肢を客観的に検討する」とコメントした。

実現すればMBOとしてはもちろん、日本のM&Aとしても史上最大規模の金額となり、資金調達に関する疑問の声は数多く上がる。複数の金融関係者は、「これまでの融資を返済して枠を作れば、理論上できない話ではない。しかし、実際に資金を出してくれという話になればかなりの議論が必要となる」とし、「現実問題としてはかなり難しいのではないか」との見方を示している。

「やはり創業家は、セブン＆アイが買収されたり解体されたりする姿に我慢がならなかったのではないか。これまでは井阪さんに任せていたが、『もう任せられない、自分たちが一肌脱ぐしかない』と考え、『やはりセブン＆アイは伊藤家のものだ』としてＭＢＯを打ち出したのではないか」（セブン＆アイ関係者）

中には、「創業家が守りたいのはイトーヨーカ堂。そのためそごう・西武売却時、フォートレスが買収後にすぐさま池袋西武の不動産などをヨドバシＨＤに売却したように、ＭＢＯ実現後すぐにコンビニ事業をアリマンタシォンに売却すれば、その分を差し引いた費用でイトーヨーカ堂を守ることができる」といった見方を示す関係者もいる。

いずれにしても、アリマンタシォンからの提案に端を発したセブン＆アイの買収劇は、創業家主導のＭＢＯによる株式非公開化、アリマンタシォン傘下入り、そして単独での成長策という三つのシナリオを軸に進むことになった。果たしてセブン＆アイは今後、どのような選択をするのか。事態は混沌としているが、セブン＆アイが追い詰められていくことだけは間違いないと言えそうだ。

一代で終わる流通業

1958年にヨーカ堂が創業して60年余り。その間、コンビニをはじめ百貨店や外食、生活雑貨などさまざまな業態を手にして一大コングロマリットを形成し栄華を極めてきた。しかしこれまで見てきたとおり、アクティビストやアリマンタシォンといった〝黒船〟に攻め込まれ、解体への道を着実に歩んでいる。

実は、流通業には「一代の壁」というジンクスがある。これは創業者、もしくは中興の祖一代限りでその命が尽きるというものだ。

たとえばその一つが1957年に中内㓛《いさお》によって創業されたダイエーだ。「価格破壊」をスローガンにあらゆるものの価格低下に取り組み、一時は〝流通革命の風雲児〟とまでいわれた。店舗拡大と業態の拡張を繰り返し、1972年には三越を抜いて小売売上高日本一を達成した。1980年代以降には百貨店からホテル、プロ野球球団経営と一層の多角化を進め、日本を代表する企業にまで上り詰めた。

しかし、バブル崩壊による土地神話の崩壊と阪神・淡路大震災に見舞われたことに加え、「安い価格」と同時に「高い質」を求める消費者の嗜好の変化を捉えることができなくなって1990年代半ばから急激に失速すると、リストラに次ぐリストラを繰り返しつつも打開策を見出せず、2001年に中内は「消費者が見えなくなった」という言葉を残し、ダイエーを去った。

その後2004年に産業再生機構による再建支援がスタートし、丸紅を経て2007年にはイオン傘下に入り、完全子会社になったことでダイエーの名前は消滅した。

西武百貨店も同様だ。堤清二は西武百貨店を北海道から関西にまで拡大させたほか、西友やパルコ、無印良品といったそれまでにない業態をつぎつぎ開発し、「セゾングループ」を築き上げた。

だが、銀行からの借り入れに依存した多角化路線や拡大路線がバブル崩壊によって限界を迎え、堤は1991年にセゾングループの代表を降り、セゾングループも崩壊した。中核だった西武百貨店は私的整理となったあと、やはり経営危機にあったそごうとともにセブン&アイ傘下に入ったほか、西友は米国ウォールマートが買収、パルコはJ・フロント傘下に、そしてファミリーマートは伊藤忠商事の子会社になるなどグループ企業も散り散りとなった。

セブン&アイの行く末

セブン&アイも決して他人事ではない。

創業者の伊藤雅俊からバトンを受け取った鈴木敏文は、徹底したコストコントロールに基づく効率経営を推し進めながらコングロマリットを形成していった。そういう意味では、単に規模の拡大を追求していった前述のカリスマたちとは一線を画していた。だからこそ中内や堤たちから「小僧扱い」されながらも、他社とは違ってバブル崩壊を乗り切り、日本最大の流通グループへと成長させることができたわけだ。

しかし時代の変化とともに、そうした鈴木流経営にもほころびが出た。カリスマ経営者で中興の祖と言われた鈴木であっても、創業家から指名されたサラリーマン社長。そのため創業家に配慮し、イトーヨーカ堂に手を突っ込むことができなかったからだ。鈴木の後を継いだ井阪はその一部始終を見ていたはずだ。にもかかわらず、社長就任の経緯もあって見て見ぬふりを続け、その場しのぎの経営に終始してきた。その挙げ句、アクティビストからの株主提案や、アリマンタシォンからの買収提案といった外圧に屈する形で、イトーヨーカ堂をはじめとする不振事業の処理に乗り出さざるをえなくなった。そこにはセブン‐イレブン出身であるがゆえに、「コンビニさえ良ければいい」（セブン＆アイ幹部）という姿勢も見え隠れする。

日本初の売上高11兆円という巨大流通グループが今、音を立てて崩壊し始めている。買収提案の行方次第ではセブン＆アイもまた、潰えた他の巨大流通グループ同様の運命をたどってしまう可能性がある。

【著者紹介】
田島靖久（たじま　やすひさ）
1970年生まれ。大学卒業後、1993年、NHKに入社。記者として事件取材を担当後、2001年、ダイヤモンド社に入社。経済誌で流通、商社、銀行、不動産業界などを担当する傍ら週刊ダイヤモンドで特集制作に携わる。2020年11月、東洋経済新報社に入社。報道部記者、報道部長を経て、現在、週刊東洋経済副編集長。

セブン&アイ　解体へのカウントダウン

2025年1月7日発行

著　者――田島靖久
発行者――山田徹也
発行所――東洋経済新報社
〒103-8345　東京都中央区日本橋本石町 1-2-1
電話＝東洋経済コールセンター 03(6386)1040
https://toyokeizai.net/

装　丁………橋爪朋世
ＤＴＰ………キャップス
印　刷………ベクトル印刷
製　本………藤田製本

ISBN 978-4-492-22418-2